金融鹏程大讲堂

(第二辑)

主 编 ◎ 邢毓静

中国金融出版社

责任编辑：张智慧　王雪珂
责任校对：潘　洁
责任印制：张也男

图书在版编目（CIP）数据

金融鹏程大讲堂. 第二辑/邢毓静主编. —北京：中国金融出版社，2020.6
ISBN 978-7-5220-0332-0

Ⅰ.①金… Ⅱ.①邢… Ⅲ.①金融学—基本知识 Ⅳ.①F830

中国版本图书馆CIP数据核字（2019）第253341号

金融鹏程大讲堂（第二辑）
Jinrong Pengcheng Dajiangtang（Dierji）

出版
发行　中国金融出版社
社址　北京市丰台区益泽路2号
市场开发部　　（010）66024766，63805472，63439533（传真）
网上书店　　http：//www.chinafph.com
　　　　　　（010）66024766，63372837（传真）
读者服务部　（010）66070833，62568380
邮编　100071
经销　新华书店
印刷　北京侨友印刷有限公司
尺寸　169毫米×239毫米
印张　15
字数　152千
版次　2020年6月第1版
印次　2020年6月第1次印刷
定价　75.00元
ISBN 978-7-5220-0332-0
如出现印装错误本社负责调换　联系电话（010）63263947

编委会 | EDITORIAL COMMITTEE

主　编：邢毓静

副主编：张庆昉　李升高　杨智国　于松柏　张正杰
　　　　林　平　曲延玲　黄　富　冯子兴

成　员（按姓氏笔画排序）：
　　　　刘晓波　朱松涛　孙春广　刘川巍　余　钢
　　　　邹　颖　张海泓　周赞文

目录 CONTENT

会计的明天会怎样
··（吴卫军）（1）

商业银行改革的成本和关键点 ··（5）
会计已经在往前发展 ··（8）
会计信息是过时的，风险计量才对管理产生作用 ··················（15）
小结 ···（16）

债务—通缩，还是债务—通胀？
··（伍戈）（19）

债务—通缩与债务—通胀 ··（22）
居民加杠杆的是与非 ··（25）
货币观经济 ··（29）
资金"脱虚"是否必然"向实"？ ·····································（31）

从最新实证研究结果来看金融开放的策略
··（魏尚进）（33）

金融开放可以带来什么好处？ ······································（36）
金融开放要获得成功，需有哪些预备性改革和配套改革？ ········（42）

　　货币政策服务于本国而不受国际货币动荡冲击所需的条件……（47）

人民的住房市场：中国主要城市住房市场的宜居性及可持续性评析
──────────────────────────────────（邓永恒）（53）

　　中国主要城市房地产价格水平：基于国际比较的视角………（56）
　　中国房地产与土地市场价格变化的影响因素 …………………（60）
　　房地产市场长效机制和相应的投资金融安排非常重要 ………（63）

金融科技与监管科技
──────────────────────────────────（方兆本）（65）

　　金融科技 …………………………………………………………（68）
　　金融科技与银行 …………………………………………………（72）
　　监管科技 …………………………………………………………（74）

深化金融改革开放，防控金融风险隐患
──────────────────────────────────（王宇）（79）

　　认识和防控风险隐患 ……………………………………………（82）
　　深化中国金融改革 ………………………………………………（85）
　　扩大中国金融开放 ………………………………………………（86）

量化投资的应用　从股票到衍生品──兼谈人工智能和近期美国市场
──────────────────────────────────（孙东宁）（89）

　　量化投资的基本原理及人工智能应用 …………………………（93）
　　金融衍生产品 ……………………………………………………（99）
　　美国市场的展望 …………………………………………………（104）

目 录

金融科技与区块链技术发展
………………………………………………（狄刚）（107）

    金融科技发展演变 ……………………………………（110）

    区块链现状与内涵 ……………………………………（114）

    区块链的应用场景 ……………………………………（117）

    最新行业发展动态 ……………………………………（118）

    对于区块链的思考 ……………………………………（119）

中国金融体系的制度基础
………………………………………………（熊伟）（123）

    中国金融体系的特殊性 ………………………………（126）

    宏观经济框架下的中国政府 …………………………（129）

    政府对股票市场的干预 ………………………………（134）

社会融资规模与我国货币政策趋向
……………………………………………（盛松成）（139）

    社融的定义和构成 ……………………………………（142）

    社融与货币供应量是一个硬币的两个面 ……………（143）

    金融去杠杆的进程及表现 ……………………………（145）

    金融防风险要与支持实体经济动态平衡 ……………（148）

    保持人民币汇率在合理均衡水平上的基本稳定 ……（150）

中国宏观经济展望
……………………………………………（任泽平）（153）

    宏观经济形势 …………………………………………（156）

中美贸易摩擦 ……………………………………………（160）
　　城市化 ……………………………………………………（163）

金融解放婚姻——爱情在中国胜利？
（陈志武）（167）

　　爱情与婚姻 ………………………………………………（170）
　　金融解放婚姻 ……………………………………………（174）

中美贸易摩擦深处的博弈与变局
（沈建光）（181）

　　中美贸易的前景展望 ……………………………………（184）
　　下半年中国经济压力如何？ ……………………………（190）
　　中国的政策调整空间 ……………………………………（192）

DC/EP 央行数字货币实践
（穆长春）（195）

　　央行数字货币的产生 ……………………………………（199）
　　央行数字货币的设计原则 ………………………………（200）
　　央行数字货币的定义 ……………………………………（205）

土地制度的美国故事
（雷曜）（211）

　　中国土地制度的简单回顾 ………………………………（215）
　　关于土地制度的关键问题 ………………………………（216）
　　以大历史观看美国的土地故事 …………………………（218）

会计的明天会怎样

吴卫军，普华永道中天会计师事务所（特殊普通合伙）合伙人。1985年毕业于杭州商学院，获学士学位，1988年毕业于对外经济贸易大学，获硕士学位。是中国内地第一位获得英国特许公认会计师资格（ACCA）的专业人士，于2004年至2010年担任ACCA全球理事。也是中国注册会计师协会、美国注册会计师协会和香港会计师公会的会员。

拥有28年的丰富从业经验。自1989年起，在普华永道香港、上海、纽约、悉尼、北京和伦敦等地，向金融行业客户提供审计及咨询服务。2002年参与领导设计了适合中国国情的"银行改革路线图"，在公司治理、财务报告和资本重组三大领域，为推进四大国有商业银行改革提供技术指引。2008—2009年国际金融危机期间，借调至英国金融监管局工作，参与银行体系危机成因、业务模式演变及监管改进方案建议的调研和国际协调工作。

社会任职和学术成果：香港特别行政区财务汇报局荣誉顾问，浙江大学管理学院、对外经济贸易大学、厦门国家会计学院和香港中文大学兼职教授。著有《走在会计发展和银行改革的前沿》和《资本的眼睛——实现独立审计的价值》。

【编者按】

2017年11月17日下午,"金融鹏程大讲堂"第25期顺利举办。普华永道中天会计师事务所原资深合伙人、清华大学国家金融研究院金融与发展研究中心吴卫军先生从国有商业银行改革、会计、审计、金融等方面作了全面深入的讲授。讲座内容丰富、案例翔实、语言风趣。

【核心摘要】

国有商业银行改革很不容易,我们应该保持资产负债表的干净度。

国有商业银行改革的关键点:加强对分行的控制,财务重整。

会计不仅是要编制资产负债表,更要构建资产负债表。

商业模式在于选择承担什么样的风险。

会计核算原则的改变:从历史成本会计走向公允价值会计,管理层意图成为会计核算的标准,杜绝表外科目。

公允价值会计的挑战:市值会计,管理层意图是会计核算的标准,复杂的数量模型或参数。

财务管理的关键在于资金成本和时间线。

商业银行改革的成本和关键点

每次到外面去宣讲会计、审计、金融的内容,最让我感到骄傲的是参加了 2002 年开始的国有商业银行改革,为国家的银行改革作了一定的专业贡献。讲得朴素一点,我是把国有商业银行的会计报表整理干净的人,所以如果银行资产负债表再次变得不干净,我就会很心疼。我们应该一直保持银行资产负债表的干净度。

(一)国有商业银行改革很不容易,我们应该保持资产负债表的干净度

2002 年国家开始银行改革,任务是非常庞大的。当时普华永道组织一个专家团队,设计了银行改革路线图,在人民银行、银监会和财政部领导下展开了一轮银行改革。

1997 年亚洲金融危机以后,第一次全国金融工作会议决定,开始银行资产负债表的第一步清理,第一轮改革的是中国银行和中国建设银行。为了加强银行的资本实力,成立资产管理公司(AMC),发行 AMC 债券,总计是 10 650 亿元,然后补充资本金 2 700 亿元,合计 13 000 亿元左右。

2002 年第二次全国金融工作会议后,开始了国有商业银行的彻底改革,人民银行通过发行专项票据,置换国有商业银行的不良资产。第二期开始对工商银行和农业银行改革,使用了财政部的担保,专门设立一个共管基金,把以后的利润当资本补进来。这是一个非常有挑战性的会计处理,在会计理论上,注资的钱是一定在注资时要到位的,因为财政部的信誉,所以应收股东可以作为注资的手段。

国家通过成立汇金公司，第一轮给中国银行和建设银行注资450亿美元，后来又给工商银行和农业银行注资。为了保证国有商业银行基本的资本充足率，国家为工商银行花了11 000亿元，中国银行4 500亿元，建设银行5 600亿元，农业银行13 840亿元，总共36 000亿元左右。

没有这种根本性的改革，资产负债表不可能干净到目前这个程度。即使现在某些银行存在问题，但是基本的资产负债表还是干净的，有问题的资产可以用这些银行的利润来消化。所以我对国有商业银行的基本面，还是比很多人都有信心的。这次改革非常成功，现在我们要做的是要巩固银行改革成果，保证不良资产不再在资产负债表上堆积起来。第五次金融工作会议要求金融回归本业，回归支持实体经济，这个时候巩固商业银行改革成果更显重要。

(二) 国有商业银行改革的关键点是加强对分行的控制和财务重整

改革的关键点不多,最主要的是加强分行控制。在营运重组当中,我们发现银行的案件基本上都发生在分支行。中国银行曾经出过一个开平案件,某个支行行长跟会计勾结把银行的钱偷出来,周末到拉斯维加斯赌博。他把钱拿出来的时候,贷记现金,借记应收总行,因为总行和分行之间不对账。这件事反映出总行缺乏对分行的控制,所以改革一定要加强对分行的控制。

另外一个是财务重整。在财务重整过程中,第一项任务是确认不良资产,第二项任务是处理不良资产,第三项任务是重新资本化,第四项任务是引进战略投资者,第五项任务是上市。确认不良资产的时候,第一次确认的还不是不良信贷资产,而是不良非信贷资产,因为不良信贷资产太多了。第二次是处理不良资产,把财政部在银行的股权金额跟不良资产轧平,如果还不够,人民银行再买走。但是银行还不能开业,因为还要有充足的资本金。重新资本化也就是把资本注进去,银行这么大,资本金从哪里来?如果找财政部拿钱,时间太长,所以人民银行动用了外汇储备,为银行改革借来了时间。从2003年12月30日起,银行的资产负债表干净了,有了新的资本金,开始引进国际银行来投资。千万要看到,引进战略投资者的财务只是很小一部分,更重要的是技术合作,包括风险管理、公司治理等领域的合作。接下来就是上市。

我们的领导、银行家出去开国际会议的时候,对自己的国家、对自己的银行有信心,一个很大的原因就是资产负债表是夯实的。所以坚持高质量的审计和会计工作,夯实资产负债表的基础,是金融体系的根本信心所在。

会计已经在往前发展

（一）商业模式在于选择承担什么样的风险

假设一个生产型企业的资产负债表，看看20年后会变成什么样，然后倒过来理解资产负债表的一些根本性内容，这是回答"会计的明天会怎样"这个问题的最好路径。

20年后，现金和银行存款肯定是有的，这个会计科目是金融的根本。

应收账款也是有的。比如去餐厅吃饭用信用卡付钱，餐厅经营者不是应收食客的钱，而是应收银行的钱。银行发信用卡的根本在于愿意承担客户不付钱的信用风险。

生产型企业可以没有应收账款。它可以把应收账款卖给银行，也就是保理，而且随着支付体系的彻底改变，信用中介越来越少，自己信用也很好，不需要向银行支付信用成本。所以对信用风险的承担，生产企业可以选择没有，而银行可以选择有。

存货也可能没有。制造企业存货有两个风险，一是占用资金成本，二是可能卖不出去，作为生产型企业，通过及时生产管理，存货这种资金的占用在资产负债表上是越来越少的，也有可能是不存在的。

固定资产也不一定有。电脑是普华永道最重要的固定资产，每18个月就要更新，所以普华永道选择租电脑。讲到租赁，拥有飞机最多的也不是航空公司，而是金融租赁公司。保险公司的利润表很难管理，比如保险公司只有在发生灾难时才有理赔支出，所以买很多飞机出租，管理保险业务的现金流，同时拿来抵税，管理利润表的波动性。在这样的情况下,生产型企业的资产负债表可能会慢慢地向金融资产、金融负债集中。

我有一个同乡家里条件不好,没有上大学,2002年到上海送快递,每周送50件快递,他说钱够养家了,现在他的公司一天送1 000万件快递。他问我,他的企业是重资产好,还是轻资产好?回答这个问题很不容易。世界上最大的酒店公司,以房间间数来算,是希尔顿,它的资产负债表是重的;经营房间最多的是爱彼迎(Airbnb),它的资产负债表很轻。所以究竟要走重资产的路,还是轻资产的路,要倒回来问老板,选择什么样的商业模式,承担什么样的风险。

做会计的,特别是准备创业的同事,现在要做的不是编制资产负债表,而是要构建资产负债表。资产负债表会计科目的排列,除了流动性外,要引入另外一个维度的概念,也就是企业愿意选择承担什么风险。

（二）会计核算原则的三大改变：公允价值会计、管理层意图和杜绝表外科目

第一，从历史成本会计走向公允价值会计。历史成本会计的好处是可靠，但是如果资产负债表慢慢集中于金融资产，金融资产按历史成本来计量和呈报，相关性是很差的，所以开始转到公允价值会计。现在金融机构在实施的会计准则IFRS9，其原则就是公允价值会计，公允价值会计最重要的好处是相关性，它提供的信息和经营、投资决策的相关性高。

第二，管理层意图成为会计核算的标准。比如，金融机构买了债券，年底如果债券价格上来了，交易员说这笔交易赚了钱，应该算利润、分奖金。反之，如果债券价格跌下来了，他说是为了套期保值、流动性管理，不按公允价值，要按摊余成本计算，在算奖金时不考虑这张债券的公允价值亏损。这样交易员基本能够指挥做账了，这是不行的。在银行改革的时候，我们请财政部专门批了一个金融工具四分类的核算原则，当中第一条就是，银行购买债券时一定要写明意图是什么。管理层的意图成为会计核算的标准，这点很重要。

第三，杜绝表外科目。任何表外事项都可以通过公允价值来核算，然后放到表内。金融工具都涉及现金流，再复杂的金融工具都一样，未来现金流实现或不实现就是风险。未来现金流可以通过折现放到资产负债表上，然后披露敞口和承诺有多大。会计核算原则发展的一个根本趋势就是杜绝表外科目，全部金融合约和承诺都在表内反映。

（三）公允价值会计的挑战：市值会计、管理层意图和复杂的数量模型

公允价值会计的挑战有三个。第一个是市值会计（mark to

market)。市场有时是失真的,所以要检验市场价值。会计师做年报审计,3月把报表签出来前,肯定会去看一些重大的定价问题,看3月的价格还能不能支撑去年12月31日的价格。因为很多时候交易员可能在年底把价格做出来,所以一定要看这个市场价格在年后是不是真的。

第二个是刚才说的,管理层的意图是会计核算的标准(mark to management)。

第三个是复杂的数量模型和参数(mark to model)。模型里的参数经常会错,现在金融机构雇佣很多数量专家,但是这里面还是有模型的错误,有些金融企业在收购其他银行的资产组合时,因为模型差错吃了很大的亏。

(四)会计学的两个恒等式

第一个恒等式:资产 = 负债 + 权益。这是意大利的数学家卢卡帕乔尼1492年开始推广的,这个公式很重要。《万历十五年》说中国开始衰退,就是因为没有这个等式。当时西方已经开始确立资产和权益,可以开始对财富进行记录,叫社会的数字化管理,我国当时还没有。

第二个恒等式:会计 = 经济真相 + 计量差错 + 偏见。会计是想等于经济真相,但是不可避免的面对计量差错,也有偏见。关于偏见,讲一个笑话。有一个企业的CEO要聘一个财务总监(CFO),有三个候选人。这个总裁问,50加50等于多少?第一个人说100,没有录用,第二个人进来说100,也没有录用。第三个人把房间门关好,轻轻地在CEO耳朵边上问,老板,你想它等于多少?他录用了。这就是偏见。

利润表是比较难表达的。我最喜欢的利润表的表达方式是Phil

Parker 总结出来的公式，见图1。价格减边际成本等于边际利润，边际利润乘上销量，等于企业的边际利润，然后再减掉固定成本，就是一段时间内产生的利润。然而，通过 e^{-rt} 把未来现金流量折现，把利润从 0 到 T 的时间上积分起来。最后，对所有的国家、市场份额对象和产品带来的金额汇总求和，就是企业创造的价值，然后加减企业愿意为社会责任承担所支付的成本，或者是因为社会责任可能带来的收入（图1）。积分以内的项目是狭义的财务管理的要素，而 Σ 就是战略管理。

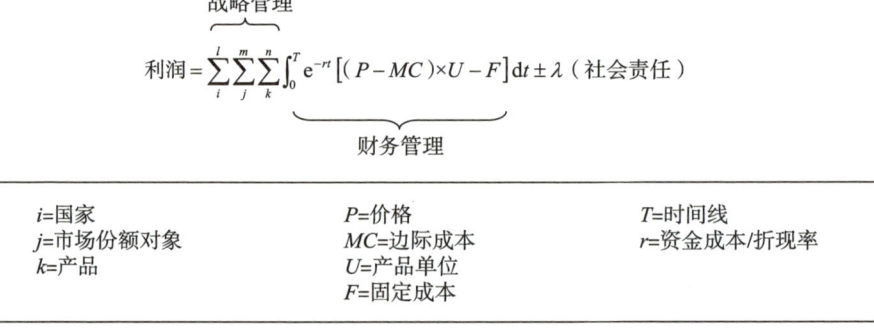

$$利润 = \sum_{i}^{l}\sum_{j}^{m}\sum_{k}^{n}\int_{0}^{T} e^{-rt}\left[(P-MC)\times U - F\right]\mathrm{d}t \pm \lambda（社会责任）$$

i=国家 j=市场份额对象 k=产品	P=价格 MC=边际成本 U=产品单位 F=固定成本	T=时间线 r=资金成本/折现率

资料来源：欧洲工商管理学院教授 Phil Parker 研究成果。

图1 利润的表达式

理解价格和边际成本很重要。在研究这个课题的时候，我在欧洲工商学院，当时我们讨论一个电话公司的定价问题，有两组比较极端的客户，一组是大学生，另一组是爷爷奶奶。电话公司对爷爷奶奶的定价更贵，因为爷爷奶奶打电话的需求是刚性需求，总是要给孩子打电话，边际成本是零，所以能够实现更大的利润。大学生对价格很敏感，所以对学生的价格便宜，吸引他们提高使用量。

固定成本也是一个很重要的管理方法。有个银行家曾经跟我探讨，以前花一个亿可以造很大一幢楼，现在一个亿投入电脑科技上，有可能一分钱的收益都产生不回来,所以现在管固定成本是一个很大的挑战。未来当有人要你批费用预算的时候,你要问:这笔钱花下去是打补丁的,还是为了未来能够创造价值。我觉得员工培训、增加员工福利是好的,是在给未来一个保障,这些钱应该花下去。而一些没有办法要花的钱,一定要少花,这样利润表的效率就会提升。

(五)财务管理的关键在于资金成本和时间线

今天要讲的最重要的两个因素不是这些基本的财务管理问题,而是两个大家平常可能不太关心的因素。一个是资金成本 r,一个是时间线 t。有一本关于巴菲特的传记叫《滚雪球》,雪球是未来值,t 是雪球滚的长度,r 是滚雪球的厚度。

前段时间财政部发了美元债券,当时我非常高兴。美国政府发美元债券,资金成本中信用风险的成本是零,因为美国可以印美元。假如美国政府去发一个亿、期限三十年的美元债券,利率是 5%,换成中国政府,只比美国贵 0.3%,这是对我们政府的根本性的信任,一九八几年的时候我们要多付 3%!

政府应该要有资金成本的概念。我曾经给一个直辖市的书记做金融顾问,他每年要开金融工作座谈会。金融办说为了地方的发展,今年多借了 3000 亿元,但是书记批的时候根本都不知道资金成本是多少,如果高 0.5% 的话,就要多花 15 亿元。深圳把招行、平安这些好的金融机构留在这里,用好的现代化金融服务使深圳的融资成本降下来,深圳才有了发展的动力。而这个直辖市没有总部设在当地的像样的金融机构,我鼓励领导要改善当地的金融环境。

所以 r 很重要,但时间线 t 也非常重要的。比如青岛啤酒,以前是农民生产一年的小麦,做一年的啤酒,现在青岛啤酒在期货市场买小麦,已经不买一年的小麦,而是买三年、十年的。对做金融的同事来说,竞争已经不是简单的一个会计年度的竞争,而是一个时间线的竞争。t 在中国还很特别。我们作为股东,一般是看二三十年的回报,折现的时候 30 年以后几乎可以忽略不计,但是国资委任命的企业董事长的任期是三年,在三年时间内银行连一个核心生产系统(电脑系统)的改造都完不成,所以现在提出来要为国有企业的改革创造条件,管理层要专业化、职业化,董事长的任期可以长一些,可以做到 65 岁。

(六)战略管理

战略管理是用什么产品、什么市场份额对象,是获胜之道。我是汇丰银行的客户,有张信用卡很有感情,但是每年要付 1 800 元年费,每次收年费的时候,我就给服务热线打过去,我说我不付,否则我就取消信用卡,然后电话那头马上放音乐,说请示一下。汇丰银行使用电脑科技的战略，实现了一个界面的客户关系管理，当我打电话进去的时候，我的客户关系全部给拉了出来：工资卡、支票账户、信用卡、外汇买卖、贷款、保险……我至少用了汇丰10个产品，而且从来不用渠道，最多就是ATM取款、去银行汇款。知道我是一个好客户后，他马上说豁免。这就是针对市场份额对象的客户关系管理技术。微信是很好的产品，边际成本是零，如果微信对每个用户每个月收10元钱，很多人都是愿意交的，但是马化腾没有收费，这就是战略管理。

利润表是多维度的，可以按资金成本、产品、客户来看，比如，汇丰银行就可以看到从我身上赚多少钱。会计时间线无限延长，这个时候要重新定义会计核算周期的假设，是很不容易的。

我不知道华为是怎么管理利润表的。2002年我陪着领导见任正非。在一个很朴素的会议室，有一块白板，任正非站出来画一个竖格，说这是我的物流，然后再画一个，说这是我的现金流，你们普华永道要给我创造一个信息流使物流和现金流联结起来。2002年，一个退伍军人就是这样跟普华永道对话的，给我的印象很深刻。先进的科技企业，像苹果、思科、微软，是每天结一次利润的，像金融企业一样。所以会计周期的假设要重新定义，我相信现在华为也是可以做到日结利润。

会计信息是过时的，风险计量才对管理产生作用

1994年，我去美国学习银行审计，学到了一个概念。当时是在大通曼哈顿银行，我的合伙人教我，银行的董事长什么时候可以下班。JP Morgan 有一个4点15分报告，在银行内部叫4点13分报告。在

4点13分的时候，首席风险官（CRO）把所有表里表外的风险敞口全部汇总起来，看究竟有多少敞口，然后按照不同的风险（主要是市场风险），计算未来24小时内在95%的置信区间内，银行可能亏（赚）多少钱。如果算出来的数在董事会的授权内，CRO报告给银行行长，银行行长就可以下班回家了；如果超过了董事会的授权，他就要马上启动风险对冲机制。这是一个VaR的概念。

我每次把资产负债表送到董事长的桌子上时，心里都有一丝内疚，因为所有的资产负债表的信息和其他相关联的财务会计信息都是过时的、没用的。这份报告是对股东作出一个交代，对管理是不产生作用的。风险计量才对管理产生作用，今天算出来明天能够赚和亏多少钱，到了明天可以倒回来验证，这样风险机制就会得到提高。这就是为什么上次金融危机中JP Morgan做得确实还不错的原因。

现金流量表比较简单，为什么要编现金流量表？因为利润表可以造假，要通过现金流量表来检验利润表的质量。利润是现金流动的结果，而不是相反的，所有现金流动的发生，都应当有经济实质的支持，金融产品最后都要落到现金流量的交换上，必然要反映在利润表或资产负债表上。如果资产负债都往金融资产和金融负债集中，现金流量表就不重要了，因为把在两个时间点上的两张资产负债表一减，就等于利润表，每天管理资产负债表就等同于在管理现金流量表。

小结

从今天的研究内容中，各位同事，要记住有几件事情比较关键：一个是要巩固银行改革的成果，一个是会计已经往前走了。会计要被理解为一种判断，一种艺术，如果只是简单的做账，完全可以由机器代理。作为会计，不要只是编制资产负债表，而要协助管理层构建资产负债表。在管理利润表的时候，不是简单的编利润表，而是要管理所有影响利润的因素，资金成本、时间线、产品的竞争力、边际成本、边际收益。

录音整理　舒磊

债务—通缩，还是债务—通胀？

伍戈，经济学博士，研究员，华融证券首席经济学家。曾长期供职于中国人民银行货币政策部门，并在国际货币基金组织担任经济学家，是中国经济学最高奖——孙冶方经济学奖得主（2017年），还是浦山政策研究奖获得者、刘诗白经济学奖获得者。曾获中国金融学会全国优秀金融论文一等奖、金融图书"金羊奖"、中国人民银行重点研究课题一等奖等奖励。

债务—通缩，还是债务—通胀？

【编者按】

2017年12月18日下午，"金融鹏程大讲堂"第26期顺利举办。华融证券首席经济学家伍戈博士从债务与物价、居民加杠杆、金融去杠杆和货币环境等方面作了全面深入的讲授。讲座内容丰富、数据翔实、语言风趣。

【核心摘要】

过去对中国经济的悲观预期主要是因为担心债务问题，债务高企长期会导致通缩，短期会导致通胀，所以短期内我国有些通胀，长期来看，我国并没有摆脱债务—通缩的阴影。

我国居民杠杆率很高，短期受货币环境影响，长期与城镇化有关。居民加杠杆可能影响消费和投资，对消费同时有"挤出效应"和"拉动效应"。

货币是一个很好的观察经济总量和经济结构的窗口，分析货币环境需要综合考虑数量、价格和汇率，从货币条件指数来看，实际GDP未来有望稳中趋缓。

从日本的历史经验来看，资金"脱虚"未必会"向实"；仅采取总量性调整，而不触及结构性改革，难以实现"脱虚向实"的初衷。

债务—通缩与债务—通胀

（一）过去对中国经济的悲观预期主要是因为担心债务问题

2017年是比较超预期的一年，2016年底不管是市场，还是政府的一些内部预测，都没想到2017年的经济增速能实现6.8%，当时觉得能实现6.5%就不错了。与此同时，2017年的人民币汇率形势也发生了较大变化，从2015年"8·11"汇改之后的极度悲观到2017年的好转，到现在人民币企稳，甚至是对美元升值以及外汇储备的增加，这些都是2017年以来或者是2016年底大家没有预期得到的事情。过去哪怕到现在大家对中国经济的悲观预期，一个很大的顾虑是对中国债务的担心，国外评级机构也下调了对中国主权的评级。

（二）债务—通缩理论似乎不适用于2017年的中国

一个国家债务很高，可能会引致大家对经济前景的悲观。不管哪个微观主体，由于需要更多现金流去还本付息，就没有太多资金进行再投资、再消费。所以在宏观意义上，高债务会引致经济低迷，甚至价格上体现为通缩。这是20世纪30年代美国经济学家Fisher的著名理论，叫做债务—通缩理论。

按照债务导致通缩的逻辑，2017年中国的情况和理论上就不太一样。2017年债务总体水平在上升，但大家不太谈通缩的问题，反而开始有些担心通胀。理论上的债务—通缩，为什么2017年以来在现实中看不到了？是理论错了，现实错了，还是我们观察理论和现实的视角错了？

中国的非金融部门债务率远远高出了新兴市场国家，远远高出了发达国家的平均水平,也似乎超过了发达国家危机时候的最高水平,所以国外评级机构对我们有些担心,从技术层面而言是有道理的。进一步分解,国外担心的是非金融企业的债务。前段时间周小川先生说中国企业的债务之所以高,是因为很多企业承担了财政或者政府债务的职能,如果把一些国有企业(特别是融资平台类企业)从企业债务中拿掉的话,中国企业的债务倒不是那么高。我觉得这是有道理的,但不管怎样,从国际比较或者从可得的数据而言,大家担心的还是企业的债务。

(三)债务高企长期导致通缩,短期导致通胀

国际上对债务的研究更多是基于微观层面,很少把债务直接和增长,特别是和物价联系在一起。观察自然现象或者社会现象,视角的长短很重要。我把趋势项和周期项分开,把长期、短期债务水平分别和价格水平画在一张图上,纵轴用的是工业企业价格水平,债务水平作为横轴。将很多国家画成散点图再进行拟合发现,长期债务率越高的国家,大概率价格水平越低。长期债务的累积会引起通缩,但短期的债务高企不但不会引起通缩,反而能够引起通胀。

改革开放以来,中国债务率一直在攀升,还没有经历过一个完整的债务高企到债务去化的周期,所以没办法通过中国数据给未来预判提供参考。很幸运的是,日本经历了一个相对完整的债务周期,经历过加杠杆、波峰、去杠杆的过程,可以作为参照。日本的债务周期非常漫长,从1960年一直到2016年,经历了近半个世纪。日本债务水平最高时,对应的恰恰是价格中枢下行,是通缩的阶段,而在加杠杆和去杠杆的过程中,价格中枢为正。所以极度的高负债本质上会导致通缩。

（四）我国并没有摆脱债务—通缩的阴影

如果从图形相似性和价格匹配性角度来看，中国可能刚进入第二个阶段。而且还有一个相似之处，当日本非金融企业部门债务率达到160%时，价格中枢有一个明显的下降，中国这一次价格中枢的下降（即前几年通缩的出现）恰恰也是在债务率处于160%的时候。

对比日本，从长周期视角来看，我并不认为中国现在已经完全摆脱了所谓债务—通缩的阴影。中国的企业债务率，竟然和工业品价格同比增速拟合得那么完美，趋势基本一样，但是存在滞后，也就是当期信用的扩张并不必然反映当期价格的上涨。过去一年多时间，中国PPI上升很快，大家理解为供给侧结构性改革所造成的影响。但即使没有供给侧结构性改革，这一轮的PPI也可能会起来，因为受到企业部门前期债务或者信用扩张的滞后影响。未来会怎么样？可能取决于债务去化的速度和方式，如果去化的方式比较巧妙，速度相对比较快，那么中国能很快走出债务—通缩的阴影。

居民加杠杆的是与非

（一）居民加杠杆可能影响消费和投资

过去一年多，随着房价大幅攀升，大家开始担心居民加杠杆，自2017年以来，居民加杠杆速度明显快于政府和企业。最近一年来，在其他经济动能转型的过程中，消费对中国经济变得更加重要，居民加杠杆后会不会对消费产生影响，这是宏观领域担心居民加杠杆的原因之一。原因之二在于它可能会对未来房地产投资造成影响，对中国经济而言，房地产是整个经济周期之母，对产业链上下游的影响非常之大，如果居民加杠杆透支了，未来未必能买得起如此高价的房子，房地产动能也会向下。数据上居民杠杆率在上升，但中国居民杠杆率究竟高不高，需要以其他国家为镜来看问题。

（二）多个指标表明我国居民杠杆率很高

国际上常用两个重要指标衡量居民杠杆率，第一个指标是居民债务比GDP，第二个是居民债务比可支配收入。从居民债务占GDP的比重来看，近几年中国的居民杠杆率在快速上升，高于新兴市场国家，但与发达国家相比，特别是与发达国家危机时的极端水平相比，还存在一定差距。居民债务比可支配收入这个指标也在上升，而且接近美国和日本现在的水平，但还没有接近危机时的极端水平。

这两个指标都存在一定问题，分母都是流量，而不是存量。买房子不是用今年的可支配收入去买房子，还要看过去的储蓄，所以科学地比较居民杠杆率,分母最好是存量。基于这样的思考,我们开始构建一些存量性指标,第一个是用居民贷款比居民存款,第二个是用社科院李扬做的家庭资产负债表,但得出的结论和流量指标相差无几。

很多商业银行的朋友说所有贷款投向中最安全的依然是老百姓的按揭贷款。北京第一套房首付30%,第二套房子80%,而且第二套如果是改善性住房则意味着要付出大概90%的首付款。这对老百姓来说是一件痛苦的事情,但对商业银行而言,可能是一件好事情,因为这意味着抵押是相当充分的。在目前预期下,没人认为房价会大幅下跌,而且现在房地产市场还处于被抑制的状态,如果不抑制,需求未必那么弱。

(三)加杠杆对消费同时存在挤出效应和拉动效应

杠杆率和消费存在一定负相关关系,杠杆率抑制了消费,但不管是中国还是美国,消费和可支配收入的同步性都更强。这就是凯恩斯消费函数告诉我们的,消费受可支配收入影响(由于短期内边际消费倾向变化不大,总体而言消费是由可支配收入决定的)。可支配收入和消费的相关性,比杠杆率更大,虽然杠杆率也可能会进入回归方程,但和可支配收入相比,决定系数要小得多。

杠杆对消费可能会产生两个方面的效应。一方面,杠杆率的提升会抑制消费,即所谓的"挤出效应";另一方面,杠杆率的提升确实拉动了房地产、GDP、可支配收入,从而最终拉动消费。在不发生风险的前提下,杠杆率一定程度的提升,其收入效应大于挤出效应。

(四)居民加杠杆短期受货币影响

杠杆率上升,短期看与货币很有大关系。作为理性的经济人,我们做任何一笔投资或消费时,一定会看资金是否可得,价格怎么样,所以资金端会影响到消费或投资的跨期选择。利率、短期融资条件,对居民杠杆率的影响非常大。

个人住房贷款加权平均利率和杠杆率增速的负相关关系非常显著。过去半年来,住房贷款平均利率在趋势性上行,虽然居民杠杆率绝对水平也在上升,但同比增速却在下降。对于研究者而言,同比增速比绝对水平更重要,因为它代表了未来的趋势。随着利率上升,杠杆率的增速正在下降,即已经在温和地去杠杆。虽然相关关系并不意味着因果关系,但对于利率和杠杆率,我们已证明,它们之间的因果关系非常明确,利率是因,居民杠杆率是果。

(五)居民加杠杆长期与城镇化有关

从相关性而言,美国居民杠杆率水平的攀升速度和城镇化速度,除次贷危机后居民杠杆率进行了急剧调整外,从20世纪60年代到现在，二者的历史趋势是一致的。中国的可得数据是从2004年开始，二者也是基本同步的。后来的实证研究进一步发现，城镇化率和居民杠杆率不仅是相关关系，而且是因果关系，因是城镇化率，果是居民杠杆率，所以有理由相信，城镇化进程会促进居民加杠杆。西方发达国家的城镇化率总体都在80%以上，而中国现在才50%多，所以中国的城镇化进程还会继续，从这个意义上来讲，居民的杠杆率总体还会攀升。

现在最如火如荼在做的事情，就是所谓的金融去杠杆。2017年以来各方出台了很多政策和措施，利率也出现了一些系统性的抬升。债券市场比较艰难，很多企业都选择取消发债或者推迟发债。过去这么多年来债券融资都是增长的，但2017年以来债券融资和信用债融资在萎缩。

金融监管强化的过程和M2下行过程一致，监管的强化特别是资管新规会趋势上导致货币收缩。货币其实很简单，是我们口袋中的钱，但更多的是在银行的存款，它对应的是银行资产负债表的负债端。从逻辑上而言，负债端的产生是由贷款或者是由商业银行的一些资产行为派生出来的。在监管强化情况下，商业银行的资产方如果收缩，负债端也会收缩，而这个进程还在继续，意味着货币M2还在收缩。

量的收缩过程不可避免地会造成价格的上升。我们构建了一个综合实体经济融资成本指数，既包括债券融资价格，也包括贷款价格。不管怎样，两者都是上升趋势。货币是一个非常有趣的东西，特别从研究角度而言，数据非常高频，更大的魅力在于具有前瞻性。所以货币在总量和结构上，都是一个很好的观察经济总量和经济结构的窗口。

货币观经济

（一）货币环境需要综合考虑数量、价格和汇率

我国的货币政策还处在由数量向价格转型的过程中，所以中国融资状况的松和紧，既要看数量也要看价格。同时还不能忽视汇率因素，到目前为止汇率还不是由市场决定的，它不会随着国内的利率和数量变化而出现完全相应的变化。假设国内的利率水平、货币数量增速相对比较平稳，如果人民币狂贬，这时的货币是收紧的还是放松的？显然是放松的。所以衡量中国货币政策的松紧，既要考虑利率，也要考虑货币数量，还得考虑汇率，三者缺一不可。

2016年10月开始，银行间利率开始系统性抬升，实际利率在名义利率的带动下虽然也在上升，但还在零附近，美国、日本、欧洲和中国也差不多，全球都面临着实际利率在零附近的问题。这也是这些即将退休的央行行长们急于想把利率往上抬一抬的重要原因，大家都不想留下当时格林斯潘那样的骂名。

由于现在市场上有很多金融创新或者有其他的变化，我们把M2进行修正，加入一些表内、表外、CD、理财等等。有人说社融可能是更好的指标，但不管是社融，还是M2、M2+，过去几年和名义GDP的拟合关系都还是挺好的。M2对应名义GDP是有理论依据的，就是费雪方程式 $MV=PY$，所以我并不认为M2就一定过时了。M2也好，社融也好，对未来经济的影响，至少有半年或半年以上的时滞。2017年名义GDP的高点在第一季度，而随着M2下来，名义GDP的高点也已经过去了。

宏观经济中很难找到几条拟合程度比较高的曲线，而过去很长一段时间汇率和出口的关系非常好，"8·11"汇改之后，人民币出现了大幅贬值，出口也实现了比较好的抬升。但问题是，随着人民币汇率的升值，在价格因素影响下，未来出口的动能可能会边际趋缓。当然也受外需影响，1996—2017年，外需风云变化，但汇率因素对出口的影响几乎没有变，可能不完全同步，但是不会缺席。所以从汇率意义上表达的货币融资条件也开始边际趋紧。如何综合地看待现在货币的松和紧，应该把这三者融合起来。

（二）实际GDP未来有望稳中趋缓

货币条件指数和实际GDP之间的趋势性关系依然存在。过去两三年，特别是从2016年、2017年以来，实际GDP已经开始企稳，

债务—通缩，还是债务—通胀？

2017年还略微往上。从宏观意义上来说，供给侧结构性改革一方面收缩了产量，另一方面引致PPI高企，所以供给侧结构性改革对经济的影响，短期而言应该是负向的。但是，遭遇了如此强烈的供给侧结构性改革，GDP为什么还这么有韧性？原因可能与货币条件有关，货币条件代表总需求的扩张和刺激，自2015年以来，货币数量反映出来的是货币的持续宽松。现在利率在边际抬升，随着资管新规的推进，商业银行的资产负债表还会进一步收缩，预示着M2未来的趋势不一定马上反弹。把这几个因素融合在一起来看，货币条件可能不那么持续宽松，所以未来实际GDP稳中趋缓，从货币角度看是可以期待的。

资金"脱虚"是否必然"向实"？

货币能够折射出的不仅是总量，还有一些结构性问题。前段时间习总书记到江苏去视察，在去南京之前，去了一家制造企业徐工集团。习总书记表达了两方面意思：第一，制造业要搞上去做大做强；第二，再也不能搞脱实向虚的事情了。加强监管、防范系统性金融风险是个永恒的话题，过去半年多甚至一年多，中国金融的系统性风险在下降，从2016年第四季度开始，中国商业银行的不良率在持续下降。那么，在风险不那么高的时候，为什么还要强调加强监管呢？资管新规不仅针对银行，还针对证券、保险、信托，不仅解决刚兑的问题，还有其他一系列的问题。所以我觉得，总书记的话意味深长，他关心的是，钱要更多地去实体企业。但是，脱了虚的资金是否会必然向实呢？

过去一段时间，中国经历了信贷的狂飙，从BIS官方数据可以看出，中国的广义信贷占 GDP 的比重已经非常接近日本泡沫时的最高点，如果按照信贷占 GDP 的缺口，则已经超过了日本当时的峰值。所以有人说我们货币超发不是完全没道理的。

1989 年日本股票市场经历了调整，1990 年房地产市场也经历了调整。中国也一样，先是股票市场调整，然后现在又是房地产市场调整。而且在资产价格大幅上涨的时候，CPI 虽然也在波动，但总体涨幅不那么高，总体在 4% 以内，大量的货币没有追逐一般商品，而追逐了资产。从这个意义上说，日本也经历了所谓的"脱实向虚"。

在 20 世纪 80 年代末、90 年代初的时候，由于资产价格高企，日本央行和日本政府也采取了现在我们中国政府所采取的一些措施。比如，看到房价那么高，日本央行当时也边际上提高了银行间市场利率；看到股价和房价那么高，日本央行也采取了类似中国现在的行政性措施，不允许资金过猛地进入房地产市场。但是，在资产价格调整之后，也就是资金"脱虚"之后，日本制造业贷款在整个信贷中间的占比依然持续下降。

过去十年，中国在房地产市场三轮调控中，制造业贷款在所有贷款中的占比也是持续下降的。从这个意义上讲，资金"脱虚"未必会"向实"，而且如果过度"脱虚"，资产方在收缩，负债端也在收缩，宏观货币在收缩，整个蛋糕可能就在收缩，而结构又没有优化，制造业贷款的占比还在下降，那么政策出台的初衷和实施结果就会背道而驰。货币是总量，解决不了结构性问题，试图通过采取总量性调整，而不触及结构性改革，最终可能实现不了政策的初衷。

录音整理　舒磊　师丽霞

从最新实证研究结果来看金融开放的策略

魏尚进，现任复旦大学泛海国际金融学院学术委员会主席、美国哥伦比亚大学商学院及外交与公共政策学院终身讲席教授，同时担任美国外交关系委员会成员、美国国民经济研究局中国经济研究组主任及欧洲经济政策研究中心研究员。2014—2016年担任亚洲开发银行（亚行）首席经济学家，兼任亚行经济研究和区域合作局局长，还是亚行经济与发展趋势的首席发言人。

在学术界和国际金融与贸易领域有着卓越成就。曾任美国哥伦比亚大学查森国际商业研究院主任，国际货币基金组织（IMF）研究部助理部长及研究主管，指导IMF关于国际贸易、投资、全球化及相关议题的政策研究与政策建议。2004年，任IMF有关缅甸工作的负责人。1999—2000年，任世界银行反腐败政策与研究顾问。1992—1999年，在哈佛大学肯尼迪政府学院先后担任助理教授与副教授，是哈佛大学第一位在中华人民共和国出生的经济学专业的正式教师。

曾获张培刚发展经济学优秀成果奖，以表彰其与R. Koopman和王直在《美国经济评论》（2014）上发表的关于全球价值链的开创性研究。曾获孙冶方经济科学奖，以表彰其与张晓波创建的竞争性储蓄动机理论，并把该理论应用于解读亚洲的高储蓄模式；这一研究成果发表于《政治经济学杂志》（2011）。此外，因拓展了竞争性储蓄理论，将其用于深入分析企业家精神和经济增长，而与张晓波共同获得邹至庄最佳论文奖。

拥有美国加州大学伯克利分校经济学博士学位及金融学硕士学位，宾夕法尼亚州立大学经济学硕士学位，以及中国复旦大学世界经济学学士学位。

从最新实证研究结果来看金融开放的策略

【编者按】

2018年1月18日下午,"金融鹏程大讲堂"第27期顺利举办。复旦大学泛海国际金融学院学术委员会主席、美国哥伦比亚大学商学院及外交与公共政策学院终身讲席教授魏尚进博士用梳理文献的方式,尤其是结合他最近的研究成果,从实证研究角度对金融开放的预备性和配套性改革措施、独立自主货币政策所需的条件,以及"三元悖论"的内涵等内容进行了详细阐述和深入探讨。

【核心摘要】

理论上讲,金融开放会对经济体带来降低融资成本、提高风险规避能力、增加宏观政策纪律性等好处,但实证结果显示,只做金融开放并不一定能保障经济实现绝对增长。只有当本国采取相应的预备性和配套性改革措施,缓解国内金融体系、劳动力市场、公共治理环境中的多种扭曲,并在防范国际资本市场风险传导的前提下,放开资本管制、开放金融的行为才可能取得成功。

蒙代尔的"三元悖论"指出,灵活的浮动汇率制度、完全开放的资本账户和独立的货币政策,三者是"鱼与熊掌、燕窝不可兼得"的关系。也有学者认为,独立自主的货币政策要么需要实行资本账户管制,要么应该推行浮动汇率制度,尤其是后者。但实证表明,一国国家层面的资本结构对金融开放的影响较大,浮动汇率制度仅能帮助实现部分而非实质性的货币政策自主权,也未必能起到将本国经济与国际资本市场负面冲击割断的作用。

金融鹏程 **大讲堂** （第二辑）

过去60年里，全球跨境资本的增长远高于世界GDP增速，最近的10~20年里，也高于货物贸易的增速。理论上讲，跨境资本会带来很多好处，所以很多国家对金融开放兴趣浓厚，尤其是发展中国家不愿"误了班车"；然而，跨境资本也可能会带来经济、金融的动荡，甚至会连带政治动荡，因此，很多国家害怕金融开放后反而弄巧成拙。从这层意义上说，金融开放像大海——可以载舟，亦可以覆舟。

金融开放可以带来什么好处

从新古典经济学角度出发，金融开放有很多好处。因为，金融不开放，跨境资本流动会遇到障碍和额外成本。如果这是唯一的扭曲时，在经济学上，一般认为额外的成本越少越好。但还有一个重要定理是，当经济体存在多个扭曲时，仅仅去掉一项扭曲的话，并不一定能提高经济的整体效率。因此，支持金融开放者认为，金融

从最新实证研究结果来看金融开放的策略

不开放（对资本跨境流动设限）是一种扭曲，所谓金融开放就是把跨境成本降到最低。而反对者认为，经济体存在很多扭曲，只去掉跨境资本限制一项，或许整体结果更糟。如果决策者就此问题去咨询本国的金融机构，并不一定会得到准确的答案，因为金融机构从金融开放中获益，并不一定表明整体经济会获益。

但以上的讨论过分抽象，具体来讲，金融开放到底有什么好处，有什么风险？风险要如何管理？我们先从金融开放的好处讲起。

（一）降低融资成本

发展中国家企业融资难、成本贵的问题很普遍，尤其是中小企业经常为融资头痛。金融开放可能会缓和融资难、成本贵的问题，这似乎符合直觉。有没有实证研究支持这个结论呢？有两篇于2007年发表的文章值得关注。

Kristin Forbes 教授（2007）实证研究发现，国际上实行跨境资本限制的国家众多（包括中国），其中智利在1991—1998年的资本账户管制常被人提及。智利政府官方表示，对不同期限的国际资本要区别对待。因跨境短期资本流动可能导致经济波动性加剧、对本国经济的冲击性提高，所以需要对其有所限制，打击其短期投机行为，但对国际资本的长期投资是欢迎的。具体而言，资本进入智利后，如果三个月内要出去的话，智利政府征很高的税，过六个月后税相对低一点，若投资满一两年后则不征税。这个做法在 Forbes 研究之前，没人仔细做过实证。

Forbes 发现不同企业所受跨境资本的限制不同。她采用"双插法"，比较了不同类型企业在资本管制执行之前、中、后不同阶段的融资成本的变化。实证结果显示，资本管制提高了企业融资成本，尤其是中小企业。大企业融资渠道比较丰富，或者其规避资本管制的手段较多，影响不是特别明显；但中小企业在资本管制的情况下，融资成本上升显著。如果中小企业是经济创新的主要来源和动力，资本管制会间接对经济创新产生负面影响。

我和张智威先生（2007）研究发现，无论资本账户的管制内容是什么，其表现形式之一，往往是对进出口贸易产生负面影响。一个国家一旦设了资本账户管制，就会担心企业或个人通过经常账户的交易，包括进出口业务，来规避资本账户的管制。

有进出口业务，就有规避资本账户管制的空间。假设有一家进口企业要进口一台价值 100 万美元的机器，但却报关 200 万美元，付给卖方 200 万美元后，让卖方把多付的 100 万美元放入该进口企业的海外账户，这样钱就出去了。反过来，出口商同样有转移资本出境的空间。比如，出口价值 400 万美元的产品，让对方只汇入出口企业 200 万美元，把另外 200 万美元放入出口企业的海外账户。如上所述，正常的经常账户贸易可能被用来规避资本管制。当然贯彻资本账户管制的政府机构也不傻，他们会在海关派人监视、督察、审核进出口行为，尽量减少进出口价值虚报、错报的程度。这对实体经济是什么影响呢？即使正常做进出口贸易的企业，一定会被要求接受更为严格的申报程序，接受更为频繁、更为严厉的开柜检查。这个程序在一定程度上变相提高了经常账户进出口交易的成本。成本到底提高了多少呢？我们的实证研究发现，对跨境资本流动做限制，每增加一个方差，相当于关税提高 11%，这表明资本账户管制对正常的贸易会产生很大的负面影响。

还有一些实证研究根据股票市场对资本管制变化的反应，来推算资本管制的效益成本。Bekaert、Harvey、Lundblad（2002，2011）三位学者发现，各国不同时期资本账户的限制有所不同。总的趋势是限制越来越少，但常有反复。具体到各国情况不一，如亚洲金融危机期间，马来西亚就增加了新的资本管制条款。股市方面，市场运作正常的情况下，股价变化反映的主要是投资者对公司未来发展的看法。这三位学者发现，通常来说，一国降低跨境资本流动限制时，股价会有所上涨，发展中国家表现更为明显。此外，历次政策变化对实体经济也有一定影响，当跨境资本限制放松后，上市公司的投资和销售也会有所增加。

这些实证研究表明，当对跨境资本流动施加限制时，融资成本及广义定义的经济活动会受到负面影响。跨境资本的限制越多，交易成本就会越高，对经济的负面影响就越深。

（二）提高风险规避能力

理论上说，金融开放的第二个好处，是可以提高居民与企业的风险规避能力。对老百姓而言，明天、后天、大后天的消费可预测且比较平稳比较理想，反过来今天饿肚子、明天吃不完、后天又饿肚子，这样的情况最好不要出现。然而，一国 GDP 增速有上有下，个人收入又高度依赖于经济增长。因此，当收入波动风险无法规避时，老百姓的消费水平也会有大起大落的波动。

这和金融开放有什么关系呢？金融开放有助于降低本国消费和收入波动之间的纽带。当跨境资本可以完全自由流动、金融状况良好时，理论上，每个国家的消费可以和本国收入波动分开。假设全世界由本国和别国两个部分组成，当本国和别国相互持有资产时，本国储蓄由两部分构成：一部分是所有本国企业的所有权，本国拥有一半；另一部分是别国资产，本国居民也有一半所有权。别国也如此。这种相互持有资产的行为是金融开放的一种情况，其好处在于，当持有的资产高度分散时，某一国、某一行业出现波动和负面冲击，对任何一国的居民而言，对其整体收入的影响就小一些，从而对消费的影响也小一些。

全世界有200多个经济体。如果一国的居民财富包含各国资产，财富构成比较分散的话，则其消费基本上就不受本国自身收入波动的影响。从这层意义上来说，如果金融开放能把一国的消费和收入之间的波动关系化解的话，意义很大。也就是说，金融开放是提供风险规避的手段之一。

在实际数据里，发达国家的消费波动远远小于GDP波动，而发展中国家当期的消费和收入则高度相关。这表明，通过金融开放可以提高居民抵御收入波动风险的能力，这对发展中国家的帮助尤其大。

许许多多的学者，想为这个推断找到实证支持，但绞尽脑汁之后，仍没在实证中获得有力的支持。

（三）增加政策的纪律性

金融开放的第三个潜在好处，加强对宏观政策的纪律约束，从而提高它的质量。

从最新实证研究结果来看金融开放的策略

很多发展中国家经济发展不好的原因不是政府不作为,而是政府乱作为。政府"乱作为"的主要原因在于,虽然可能会伤害大多数老百姓的利益,但对少数有权有势集团有好处。这种情况下,金融开放的好处就是给政府官员做坏事增加了成本,这等于给可能发生的坏政策加了限制条件。

在未实行金融开放的国家,所有的资金都在封闭环境里。坏的政策往往会同时降低老百姓的储蓄回报率与企业的投资回报率。一旦金融开放,当国内经济不好时,老百姓的储蓄就不会留在国内,企业在国内投资的欲望也会降低,资金跑掉的概率很大。资金跑的越多,不良官员能谋私利的空间也会缩小。从这角度看,金融开放对官员做坏事的行为做了限制,所以,在均衡情况下,干的坏事少一点,或者性质会少坏一点。这种逻辑,有没有实证支持呢?

Tytell 和我(2004)、蔡洪滨和 Treisman(2005)、Blouin、Ghosal 和 Mukand(2017)等学者都对此做了实证分析。有些是支持上述观点的,但支持力度不是很强。实证结果表明,金融相对开放的发展中国家,其货币政策制约较多,如高通货膨胀就很难在金融高度开放的国家发生,但金融开放对财政政策制约却不大。因此,一定程度上,金融开放给宏观政策的制定带来了更多的纪律性。

国际货币基金组织曾认为金融开放是好事情,应该推进执行。原计划在 1997 年 10 月的年会上,第一副总裁 Stanley Fischer 提议,成员国应将金融开放作为法律义务。但在年会召开的三个月前,泰国突然出现金融危机,并导致其他一批金融开放的国家都遭遇危机。金融危机的爆发证实金融开放并不一定全是优点,所以后来 IMF 放弃了这个提议。由此可见,金融开放不仅是纯粹学术上讨论的议题,而是整个国际组织、各国政府都在不断思考的事情。

很多学者认为,金融开放可能有好处,也可能有坏处,坏处是会带来很多经济波动、金融动荡。然而，很多事情都需要权衡利弊，总体而言，金融开放是好事还是坏事呢？金融开放对发展中国家的经济增长是否有正面的促进作用？对从金融不开放到开放、少开放到多开放的经济体来说，其经济增长的速度是否会随着金融开放的改革而提高？2003年，我在IMF工作时，首席经济学家Kenneth Rogoff让我与其他几位同事在权衡各种因素后，研究成员国的金融开放到底该不该做。我们的研究团队把100多篇文章进行了梳理，我们2003年的报告，发现很难得出"金融开放行为本身一定会带来经济增长"的结论。这是IMF第一份准官方文件，对金融开放的利弊，提出反思。随着时间的推移，目前，IMF官方认为，发展中国家可能也不需急着追求金融开放，一定程度上的金融不开放，或者对跨境资本的流动做一些限制，可以看成宏观审慎政策的组成部分。

金融开放要获得成功，需有哪些预备性改革和配套改革

实证研究帮助我们清楚认识到，经济体中具体有些什么样的扭曲会让金融开放的效果走样，从中我们可以思考有哪些预备性改革与配套改革可以改善金融开放的收益成本比例。

（一）本国金融制度扭曲对金融开放的影响

为什么有些发展中国家金融开放后反而出问题？这很可能跟其金融制度有关。假设一国还未开放时，金融制度已在资源配置上存在很多扭曲，如商业银行、投资银行或中央银行把金融资源投放到效率相对较低的行业或企业，而效率高的经济主体反而拿不到资金，

那么金融开放后会是什么情况？

多半的发展中国家在金融开放之后，资本会从境外流入境内。典型的发展中国家资本是比较少，劳动力比较多。在这种情况下，国外资本流入后，通过国内金融体系反而会使国内资本配置的扭曲进一步放大。这是因为，效率低的企业会拿到更多融资，与本国效率高的企业差距拉大。如果这些低效率的企业做高风险的事情，通过金融开放，扭曲将加剧，风险将更高。

（二）国际资本市场扭曲对发展中国家金融开放的影响

这是最近国际金融领域的一个热门研究话题。很多学者指出，发展中国家和国际资本市场接触时有两个特征：一是，发展中国家要想从国际资本市场融资，一般会有总额限制。通常情况下，向国内银行借钱需要抵押，同样，在国家层面上，发展中国家要去国际资本市场上融资，国家会有可抵押资产的总额限制。二是，一般情况下，发展中国家只能以国外"硬通货"向外融资，如美元、欧元，尤其是美元。只有少数大国可以做到用本国货币进行交易。

这两个特征是事实，这个事实和金融开放有什么关系？多半的企业去国际资本市场上借钱时，只考虑自己应该借多少，并不思考个体融资行为和整个国家融资上限之间的关系。对发展中国家来说，国际资本市场投资者只有看好该国经济时，才愿意给该国企业融资、发债。当国家存在总体融资上限时，个别企业在海外每多借一元钱，相当于把其他企业的借款能力降低了。因此，个别企业的国际资本市场融资行为具有外部性。单个企业的融资额相对于社会最优融资额来说，可能占用太多。

对于这种情况，中国的外管局和央行管得比较严，中国企业海外融资规模是有控制的。但即使这样，从个别企业角度来说，不会考虑国家的，而是有钱赚就去做。可以想象，如果没有对每个企业加以限制，企业都按自身认为的最佳规模去借钱，整体融资额很可能超过国家从金融安全角度出发的极限。

此外，多半企业往往是以美元的形式在国际资本市场上融资，而多半国家的外汇储备又比较紧张。所以境外融资规模很快就会突破本国外汇储备能支持的比较安全的举债极限。因此，当金融完全开放时，一国个别企业、居民去资本市场上融资的行为可能会超出社会最优程度。从这个意义上说，不对国际资本加以限制，反而会增加风险。

同时，受国际资本市场投资意愿波动的影响，风险还会加大。国际资本市场，投资者的投资意愿往往会有波动。有些年份投资意愿较强，如美国、欧洲投资者，在本国利息率比较低、本国资产回报率比较低的情况下，可能非常愿意投资给发展中国家。过几年情况可能会发生变化，本国的资产回报率上升，投资者就不愿意投资境外产品，这可能造成融资者资金链断裂。研究文献把它称为"国际资本情绪波动"。这种情况下，发展中国家金融开放也会带来更多的金融风险。

（三）劳动力市场扭曲对金融开放的影响

发展中国家可分为两类，一类是劳动力市场相对灵活的，如 2008 年前的中国；另一类是劳动力市场相对不灵活的，如巴西、印度。杜清远、聂军与我的研究发现，在劳动力市场相对灵活的国家，金融开放有助于增加就业、改善经济。而在劳动力市场不太灵活的发展中国家，金融开放和失业率却正相关，换言之，金融开放会造成资本外逃，结果投资下降，失业反而升高。

对发达国家来说，发展中国家金融越开放失业率越高的情况不存在。劳动力市场相对不太灵活的高收入国家，比如说法国、德国，也呈现金融开放程度越高、失业率越低的特点。所以金融开放会造成失业率上升的现象主要发生在劳动力市场不太灵活的发展中国家。

国家资本和投资回报率取决于很多因素，平均生产力和经济发展水平是其一。高收入国家平均生产力高一点，低收入国家平均生产力低一点。另一个因素是劳动力市场的灵活性。劳动力市场灵活性欠缺，愿意做企业的人少，企业扩张的行为少，经济活动就不太景气，资本回报率也会下降。因为资本回报率由这两个因素决定，所以对发达国家来说，因其总体效率足够高，资本开放后会吸引资本市场，即使劳动力市场不太灵活，其负面影响也不是很大。但是发展中国家的生产率较低，如果劳动力市场又不灵活，两因素叠加会造成本国资本回报率的下降。这时，金融越开放反而会造成资金外流，从而进一步拉升本国融资成本，恶化本国就业状况。因此，对发展中国家来说，如果本国金融之外的其他生产要素——劳动力要素存在较大扭曲，金融开放往往会适得其反。

（四）公共治理情况对金融开放结果的影响

公共治理，通俗来说是指政府运作效率、对产权的保护程度及对腐败的控制。Engel 和 Park（2017）近期研究发现，影响发展中国家的风险因素之一，是国际资本市场不能用本币融资，而要用外币融资。为什么发展中国家不能用本国货币去融资？投资者主要担心的是很可能会出现的贬值问题。这实际是投资者对有宏观政策风险的被投资国的担忧。因此，所谓国际资本市场扭曲也可以追溯为本国部分政策机制的缺陷。

我和我的学生周婧（Wei and Zhou，2017）研究发现，国家层面的资本结构也会影响一国的风险。国家层面资本结构主要表现为两个方面：（1）从国际资本市场债权融资的期限，期限越短、风险越大，期限越长、风险越小。（2）同样，股权融资与债权融资的相对比例也会影响经济整体的风险。如果股权融资的比例足够高，一旦本国经济基本面不好，本国和国外以股权形式提供资金的投资者将一起承担风险。所以对被投资国来说债权相对于股权风险大一点。

那么一国的资本结构是由什么因素决定的呢？实证发现，一般来说，当一国公共治理比较差、腐败昌行时，国际市场上很少会有人愿意以股权形式参与投资，因此，债权的比例会较高。此外，从债权结构看，当投资方对本国治理不太放心时，要么不给钱，要给则坚持用短期债权的方式给予融资，从而短期债相对于长期债比例比较高。也就是说，高风险融资形式的占比较高。

一国之内，企业的资本结构同样也受公共治理质量的影响。企业融资，可以是股权或债权，债权可以是短期债也可以是长期债。但国与国之间的情况很不一样，这些国家之内企业的资本结构往往也很不一样。以中国为例，国内一般贷款品种以短期为主。中国的银行一般不愿提供长期贷款。银行的长期贷款品种主要是以房子为抵押品的按揭贷款，除此之外的融资产品大多是三个月、一年，至多三年。而在很多国家，五年、七年、十年的贷款比较普遍。

出现国与国之间很不一样的因素有很多。我和周婧认为，其中之一是出资人对风险的判断，而这又和国家治理有关系。比如在某省/市借给别人钱，哪天他不还或者少还，同时又能把当地的法官搞定了，你就不愿意借钱。因此，出资方思考融资方信息是否真实、是否能搞定当地的法官、出资方是否能有效维护自己权益等问题，决定了当地金融市场的均衡资本结构。

公共治理比较差的表现形式是腐败，但这只是其表现之一。当治理不够好、有欠缺时，不管从国家角度还是企业角度，融资结构中债权比例往往偏高，而债权融资中短期债又偏高。这两个结构特征都会增加金融风波的概率，进而对实体经济产生负面影响。

综上，金融开放要成功需要很多配套性改革或预备性改革，包括降低国内金融体系的扭曲、提高效率，防范国际资本市场风险传导和国内其他要素市场改革，特别是国内劳动力市场改革，以及相关配套公共治理、反腐、依法治国的改革。

为了让金融开放成功，什么属于预备性改革，需要先做，什么属于配套性改革，需要同时做，现有的研究还没有成熟的答案。改革者还需在实践中多实验、多摸索。

货币政策服务于本国而不受国际货币动荡冲击所需的条件

金融市场永远是"多事之秋"，不断有不同的事情发生。接下来的两年里，美国中央银行将会有几次加息。美国的计划是在本国经济能够承受的水平下，把利息率逐步提高到2006年、2007年前的正常水平。因此，接下来二十多个月里，美国将会不断加息，其他国家的央行也会做同样的事情。美联储加息对美国之外的资本市场来说，相当于是外部冲击，但除了外部央行的政策行为对发展中国家产生冲击外，其他和央行没有关系的内部冲击也可能对其金融市场有影响。

关于国际金融市场、国际货币动荡对发展中国家货币政策的影响，最经典的讲法是蒙代尔提出的"三元悖论"。"三元悖论"可以分成狭义理解和广义理解。狭义上，灵活的浮动汇率制度、完全开放的资本账户和独立的货币政策，这三者"鱼与熊掌、燕窝不可兼得",至少须放弃一个。但多数教科书、经济学家、国际组织都认为"三元悖论"的含义不仅仅限于这一点,他们往往会再加一句"如果一个国家想要货币政策自主权,那就需要或者实行资本账户管制,或者推行浮动汇率制度"。因为资本管制会造成效率损失,所以很多学者与国际组织的官员认为发展中国家应该加速过渡到浮动汇率制度。这是对"三元悖论"的广义解释,但不是蒙代尔的原话。

为什么要对"三元悖论"做如此区分?因为实证对这两种讲法的支持很不一样。迄今为止,没有发现任何文章、任何实证否定狭义解释的"三元悖论"。世界上所有经济体也找不到反例来表明蒙代尔"鱼与熊掌、燕窝不可兼得"是错的。但是,"三元悖论"广义解释的后面一句话,在实证里并不一定能得到支持。

具体来说,我和童辉博士(Tong and Wei, Review of Financial Studies, 2011)发现,2011年国际金融危机起源发达国家,而发展中国家被动接受金融危机,但不同的发展中国家受危机的影响很不一样。中国影响相对小一点;中国之外的发展中国家所受影响也有大有小。到底是什么使不同的国家受国际金融危机影响不一样?我们用微观企业数据研究发现,金融开放结构会影响危机中的实体经济。金融危机对实体经济负面影响的具体机制,不管是发达国家还是发展中国家都表现为,金融危机下,金融机构对实体经济、对风险的判断很不放心,不愿意把钱借给实体经济。结果很多实体企业拿不到资金,融资萎缩,造成实际投资下降,进而影响就业和经济增长。

但不同国家情况很不一样。将发展中国家按其危机前在国际资本市场的融资结构分成两类:一是融资主体是债权、又以短期负债为主的发展中国家,2009—2011年实体经济、投资增长下跌很快,失业率上升很快;二是一些股权比例较高、债权比例较低,或者债权中长期债较多的发展中国家，2009—2011年表现相对较好，实体经济负面影响较小。

我们研究中同样重要的一个发现是，浮动汇率制度并没有起到把发展中国家的本国经济和国外负面冲击割断的作用。虽然按照国际金融学理论，如果一国有高度灵活的浮动汇率制度，就提供了将本国经济和国际金融动荡割断的条件。据此，一般认为实行浮动汇率制度的发展中国家，受国际金融危机的影响小一点。然而，实证并不支持此结论。实证表明，不管国家有没有浮动汇率制度，只要金融结构不好，就容易受到负面影响。

H.Rey（2013）在2013年联储会议演讲中最具精彩的部分在题目里面，即只有"二元悖论"，没有"三元悖论"。当然其所谓的没有"三元悖论"，并没有否定蒙代尔提出的狭义定义。她认为，发展中国家有没有浮动汇率，并不影响其跨境资本流动的格局。从跨境资本的角度考虑，当全球经济比较好时，资本会从发达国家到发展中国家；当经济不好时，资本会反向流动，离开发展中国家。因此，资本流动的格局受全球性因素的影响很大，和个别发展中国家具体的汇率制度基本没有关系，在这意义上没有"三元选择"。

那为什么是"二元悖论"呢？因为，这和该国有没有资本账户管制有关。当资本管制较严时，本国经济的运行和跨境资本的流动就与国外的风险因素相互隔绝；而如果没有资本管制，金融开放程度比较高，不管有没有浮动汇率制度，所有发展中国家都是一个格局。这个观点与我跟童辉的研究高度吻合。

虽然这对"三元悖论"广义解释作出了挑战，但H.Rey（2013）只是给出了一些作为间接参考的数据，并未直接检验发展中国家货币政策的操作是否受其他国家，尤其是美国货币政策的影响，美国货币政策的变化是不是会传递。

美国货币政策对发展中国家货币政策的传递,是否会受资本账户限制,是否会受该国名义汇率制度灵活性的影响?这实际上是检验"三元悖论""二元悖论"最直接的做法。这方面的研究最近几年有一定发展,但都有些欠缺。主要欠缺在于,一般研究的是发展中国家货币政策的变化和美国货币政策是否同向:若是,就说有传递;若没有、零相关或负相关,就是没有传递。这种做法的问题在于,两种不同因素可能造成两国央行做相同的事情。例如,在没有国外货币政策传递的情况下,本国基本面要求做的事情和美国的基本面要求美国央行一样,这就好像是正向对应,但这本身并不一定表明存在货币政策的传递。有时候本国基本面的变化,碰巧与美国的基本面的变化同向。这时候如果两国货币政策变化同向,并不一定表明有政策传递。不同国家基本面发生同向变化的概率并不低,比如,全球性的技术冲击、全球性的大宗商品价格冲击,都可能引致不同国家的基本面发生同向变化,从而造成货币政策发生同向调整。

关于这个问题,我最近和韩雪辉博士提出了一些研究方法论上的创新并做了检验(Han and Wei, Journal of International Economics, 2018)。我们认为,正确的做法应该是,首先在不管别国央行做什么的情况下,只看本国基本面发生变化后,然后问本国货币政策应该做什么;再此基础上,再看实际货币政策操作过程中,除本国基本面要求发生的变化外,还有没有受美国货币政策的影响。如果在控制了本国基本面对货币政策提出的变化要求之后,还发现了一些额外变化,而这些额外变化和美国货币政策是同向变化,则可以定义为有传递,否则就是没有传递。

我们的实证显示,当考虑本国的基本面因素后,对于金融高度开放的发展中国家而言,有没有浮动汇率制度对是否传递没有影响。只要金融开放,本国货币政策总会受制于美国货币政策。换言之,当美国降息,本国的基本面显示不该降息,或者不应降那么多时,这样的发展中国家还是会跟着美国降息。但很有意思的是,当美国加息时,有浮动汇率的国家倒不一定跟着加息。因为,当美国加息时,如果什么都不做,美元升值、本币贬值,多半发展中国家觉得这种情况可以接受;而当美元降息时,如果什么都不做,本币有可能要升值,多半发展中国家不愿接受此类情况发生。从这个意义上讲,浮动汇率制度提供了部分自主权,但没有起到完全的、实质性的自主权。

只有当资本账户、资本跨境流动有较多限制时,央行政策才能只看本国基本面,不看其他国家货币政策的变化。

综上所述,"二元悖论"或"三元悖论"的说法,都不准确。据此,韩博士与我把我们文章的副标题定为:在"二元悖论"与"三元悖论"之间。

录音整理　江薇

人民的住房市场：中国主要城市住房市场的宜居性及可持续性评析

邓永恒，新加坡国立大学教授。美国加利福尼亚大学伯克利分校经济学博士，宾夕法尼亚大学沃顿商学院房地产金融博士后。现任达沃斯论坛(World Economic Forum)全球议程理事会(Global Agenda Council)未来城市分会理事、达沃斯论坛领军城市指导委员会委员、联合国可持续发展联盟(UNSDSN)新加坡分会联席主席。曾任美国联邦政府房产金融办专家、经济学家，美国房地产和城市经济学会主席（该学会50年来第一位亚裔主席），达沃斯论坛全球议程理事会房地产理事会主席、金融与资本理事会副主席，新加坡政府经济战略委员会土地委员会成员，国际清算银行亚太地区代办处特别顾问。

主要研究领域涉及与房地产金融和城市经济政策相关的各项问题，包括中国住房市场风险及房价分析，中国城市化发展研究，住房抵押贷款证券化及其衍生产品的资产定价，结构金融和证券设计，信用风险研究，计量经济分析，以及绿色建筑、可持续发展，金融市场治理等。并在 *Econometrica*、*Journal of Financial Economics*、*Review of Finance*、*Journal of Urban Economics*、*China Economic Review* 等国际顶级经济、金融学期刊上发表研究论文。

人民的住房市场：中国主要城市住房市场的宜居性及可持续性评析

【编者按】

2018年1月26日上午，由中国人民银行深圳市中心支行、深圳经济特区金融学会联手打造的"金融鹏程大讲堂"第28期顺利举办。达沃斯论坛领军城市指导委员会新加坡分会联席主席、美国威斯康辛大学邓永恒教授用丰富的国别案例，回顾了不同国家、不同城市房地产市场的演变历程，从供需基本面、制度和政策等角度分析了我国房地产价格的变化原因，重点探讨了促进房地产市场稳定发展的长效机制和相应的投资金融市场安排，并针对具体房地产调控措施提出了新颖的建议。

【核心摘要】

过去二十多年，我一直从事关于房地产和住房金融市场的研究。早期比较关注欧美市场，过去十年更关心中国和亚洲的情况。今天我想讨论过去十年来，我对国内主要城市房地产市场的观察。尤其是'十九大'以后总书记对住房功能做了非常明确的定义，我想谈谈我是怎么看这些市场的。为什么讲座取名'人民的住房市场'？因为这个市场是老百姓关心的市场，无论是研究房地产的专家还是普通老百姓，无论是买了房的还是没有买房的。还有我研究的初衷是希望老百姓都能拥有买得起的住房，都能安居乐业。

中国主要城市房地产价格水平：基于国际比较的视角

（一）房地产市场事关金融市场的稳定性和经济发展的可持续性

国内的居民住房贷款首付比例非常高，尤其是几轮调控以后，首付达到 30%~50%。鉴于这么高的首付，住房按揭的违约风险似乎应该很低。但住房还有投资功能和抵押功能，住房价格的飙升也会影响到写字楼、商铺等。大家应该记得 20 世纪 80 年代末日本地价涨得非常快，日本东京皇家公园大概四分之一的地，市值超过了整个加利福尼亚州。因当时地价疯涨，日本许多公司利用地价、房价的泡沫，将土地、房产作为抵押品向银行借了大量资金投到世界各地，从而导致信贷过量，随之也带来许多系统性风险。虽然中国在住房按揭领域首付比例相当高，违约率和国外相比非常低，但房地产市场对整体经济金融市场的系统风险的关联性还是相当大的。

（二）过去十几年中国房地产价格涨幅明显

回过头来看我们中国的房价，先看看和房价紧密相关的土地的价格。我们国家从1998年房改后，尤其是2002年开始，可以看到每一笔土地的交易情况，包括交易价格、在哪里交易、周边的情况怎样、是不是靠近地铁站、有没有高速公路、有没有公园。我们根据这些信息，把其他因素控制后，做了35个大中城市的价格增长指数。这是新加坡国立大学房地产研究院和清华大学、沃顿商学院共同研发的指数，这些指数完全根据市场交易的每笔微观数据编制。

我们可以看到，全国地价如果以2004年为100的基准指数，这个指数到2017年第一季度上涨了736%，涨得非常快，平均每年复合增长率为17%左右。这么高速的增长，难怪全体老百姓都要投资房地产。因为如果把钱存在银行里，银行的利率没有这么高；投到股票市场，虽然有时候股票涨得也很快，但股票市场风险很大。从具体城市来看，北京市2004年为100，2017年第一季度达到1 638%，平均复合年增长率超过了26%。

（三）从国际经验看，房价并不是只涨不跌

是不是房价只会涨不会跌呢？从国内的情况来讲，2004年到现在确实是涨的，我当时在美国联邦住房金融监管委员会（OFHEO）任职的时候，也编制了美国住房房价指数。从1991年开始，一直到次贷泡沫破灭前，大家也可以看到房价一路往上涨，大概涨了2倍左右，北京涨了16倍。当时在美国也流传了这么一句话，讲了差不多15年，即"投资房地产市场，只会涨，不会跌"。为什么呢？因为土地是有限的，可以用来造房子的资源是有限的，而人们对住房的需求是无限的，需求无限到什么程度呢？当时我住在加利福尼亚

州，加利福尼亚州的地造豪宅造完了。没地了怎么办？就到拉斯维加斯那片沙漠里造豪宅。但2007年次贷危机后，许多开发商破产了，因为没有人会再去沙漠里投资购买豪宅。大家可看到房价从2007年一路往下跌，然而跌到2010年后又开始反弹，现在实际上又比当时顶峰时期高大概30%。

我的一个学生在阿姆斯特丹大学读博，他编制了阿姆斯特丹360年的房价和租金指数。从360年来的整体情况看，房价走势还是呈现均值回归的，也就是说从国际经验来看，房价并不是只会涨，不会跌。这就说明一个问题，如果你平时除去生活费用、养老费用、老人的赡养费用、子女的教育费用、自己的医疗费用外还有剩余的钱，你不放心把钱存在银行，因为利率不够高，还有通货膨胀，把一部分钱投资到住房市场是属于比较理性的投资，因为最近50年总的趋势还是往上涨的。但如果觉得房子只会涨不会跌，即使借钱也要买更大的房子，认为未来房价一涨就赚回来了，没有风险，这个观点我觉得是值得商榷的。如金融危机后，2010年底特律一套100多平方米的独栋房子，在eBay上卖5 000美元。我们看国际上的经验，房价会涨也会跌，这是不争的事实，大家借钱买房需认真考虑这个残酷的现实。

（四）一线城市高房价影响普通民众的负担能力

房价过高带来什么直接的影响？对于北京、上海、深圳、广州等一线城市来说，过高的房价对老百姓的负担能力有巨大的影响。比较中国主要城市工资涨幅和房价涨幅，基本上所有的一线城市，如北京、上海、深圳，房价涨幅要比工资涨幅大。尤其是对年轻人来说，刚毕业、找到工作就需要买房子，压力非常大。这也是为什么近期，包括我后面会讲到为什么中央提出租赁并举、推出更加完善的租赁市场等措施的战略意义和重要性。

我们同时又计算了平均房价收入比。以 2016 年为例，一家小两口在北京，如果不吃不喝、不存款、不赡养老人或看病、不急需钱给小孩，在北京需 15 年才能购买一套 90 平方米的均价房，而香港买 50 平方米的公寓要夫妻两个人 18 年的收入。同国际上其他国家相比较，新加坡需要 3~5 年的收入，美国需要夫妻双方 3 年左右的收入。美国一般老百姓 25% 的工资是用于购房相关支出，如首付、月供还有翻修等；低收入人群 40% 的工资收入是用于住房的。北京的情况呢，如果 1/4 收入用于住房，夫妻两个人要工作 60 年才能买一套 90 平方米的房子，在香港、深圳、北京、上海、广州这些地方购房，对老百姓来说压力还是非常大的。

我们发现，在北京，平均工资收入的 96% 要付房贷、月供，深圳超过了 100%，上海为 66%，杭州为 60%。美国监管部门不允许房利美、房地美收购高风险按揭贷款进行资产证券化，其中有一条标准就是，凡是按揭月供超过夫妻双方工资的 38% 就是高风险。这样一看，说明高房价对中国家庭购买住房造成的压力非常大。

除此之外，美国允许将房贷增值部分用现金的方式提取出来，国内则不允许；美国的住房按揭大都是 30 年内固定利率，而国内按揭利率是浮动的，所以房价上涨，一旦利率上升，月供还要跟着上升。对于借钱买房者来说，虽然名义上财富在增加，实际生活压力也会更重。

（五）国际经验：新加坡的住房调控政策

新加坡 80% 以上的住房是政府开发的公共组屋，20 世纪 60 年代组屋的条件并不好，但近几年政府组屋和私人住宅已差别不大。20 世纪 90 年代亚洲金融风暴、2003 年非典、次贷危机那段时期，新加坡的房价跌到低谷。2009年开始,新加坡的房价也和上海、北京、深圳一样,一路往上涨。

由于新加坡政府提供了80%的住房,如果房价涨太快,系统性风险很大,所以新加坡政府下决心把房市稳住,不希望市场上少数有钱人利用住房市场的泡沫发财。新加坡政府采取了一系列措施,通过金管局、财政部、建屋局、公积金管理局等部门联合出台了一系列以增收印花税为主的调控措施。

第一次提高印花税的措施是在2009年2月,规定如果房子住了一年之内就进行交易,要交2%的印花税。但房价继续涨。过了6个月,又出台第二次措施,要求如果房子住了不满三年进行交易,印花税可高至16%。房价仍往上涨。新加坡政府继续出台调控措施,包括要求卖方额外再交10%的印花税;没有新加坡绿卡,需另外再加15%的印花税。对投机者而言,有可能要缴纳超过40%的印花税。这一系列措施有效地遏制了炒房投机需求,房价也慢慢降下来了。新加坡80%以上的房子是政府售卖组屋的形式,80%的老百姓两三年的工资就能买一套政府的组屋,这对稳定整个经济发展起到很好的作用。

中国房地产与土地市场价格变化的影响因素

(一)土地价格上涨推升房价

我们先把各个城市土地每年的增值做一个计算。结果表明,大部分城市土地价格的增长速度远远超过房价的涨幅,如北京土地价格涨幅是房价涨幅的4.6倍,上海是3.4倍,也就是说上海、北京、深圳、广州、杭州、香港这些城市房价涨是土地价格飙升推动的。当然，这只能代表我们研究的35个大中城市的情况。

（二）供求关系影响房价，但因城而异

接着，我们做了详细的城市与城市之间供求比例的分析。我简单解释一下供求比例是怎么计算的，供给的测算是统计120多家大的上市房地产企业每年投放到市场上多少平方米的房子；需求的测算更多是艺术而不是科学，因为要做许许多多的假设，如假设农村或者城市人口怎么转移、人口增长率、城市人口流入规模、当地国民生产总值增速、就业增长率、工资增长率等一系列指标，然后根据劳动经济学文献里的模型，计算出每年购房需求。

计算结果表明，全国的供求比是98%，基本供求平衡。分城市看，北京87%、广州92%、杭州79%、上海70%、深圳72%，所以在深圳、上海有30%的购房需求没有得到满足，远远不是《华尔街日报》等海外媒体报道的整个中国就是一个鬼城。然而，其他一些城市，如重庆192%，成都230%，属于供过于求。另外我们算了大概50多个大中城市，大部分城市基本上是介于这两者之间，大概是100%到120%的供求比。但一线城市都是供不应求，所以城市和城市不一样。这说明房地产是因地而异的市场，你在某一个市场进行投资，一定要先看看这个市场的供求情况。

（三）其他影响房价的因素

还有其他因素对中国楼市价格有影响。1994年实行分税制之后，地方政府财政收支出现了很大的缺口。地方政府又没有其他过多的融资渠道，比较可行的就是卖地，可以看到土地出让收入与地方政府预算内收入之比越来越高。当然这也不能全怪地方政府，因为他

们确实没有其他融资手段。另外,我们几年前发表过一篇论文,统计了 283 个城市的情况,如果当地政府卖地比较成功,GDP 增长得比较快,地方政府官员升迁的概率就会更高。如果地价越高,卖地收入越多,当然房价涨得越快,所以这都是中国的现实情况。

(四)过高的房价预期意味着更大的潜在风险

我们借用住房经济学领域内非常流行的 Poterba 的住房使用成本与资产定价模型,做了一个测算。我们把国内几个重要城市的房价、租金还有利率等指标放到这个模型里面,发现在北京,如果市场对明年北京房价增幅的期望超过 7.3%,北京的房价就跌不下来;在深圳如果期望增幅超过 6.9%,深圳的房价跌不下来;上海超过 7.0% 跌不下来。2006—2014 年,北京实际平均每年房价增幅 20%,上海 12%,深圳 8.9%。我们又做了更详细的分析,发现这八年间,至少有一半的时间北京房价增幅没有达到 7.3%。我们发现,如果北京房价增幅的预期从 7.3% 降到 6.3%,通过这个模型,均衡房价要下调 35%。老百姓对市场增幅的期望微微变动 1%,均衡房价要调整 35%,这个风险对任何市场、任何投资来说都是极大的。

(五)政策干预对房价的长期影响有限

我们国家也实施了许多房地产调控政策。2005 年以来,我们看了我国 18 项刺激政策和 49 项降温政策的效果。49 项降温调控政策宣布之后,有 39 次 6 个月之内至少有 1 个月当地的房价下降了;只有 1 次 6 个月之内有 3 个月房价保持下降;1 年之内房价反弹的有 19 次。这说明什么问题?我们采取了许多行政的手段,如限购、限贷、限售,这些行政手段立竿见效,一个星期、一个月之内马上见效,三个月之内是否还有效就是一个问号,一年之内多数情况房价会反弹。

人民的住房市场：中国主要城市住房市场的宜居性及可持续性评析

房地产市场长效机制和相应的投资金融安排非常重要

（一）推动发展房地产投资信托能够稳定房地产市场

房地产投资信托（REITs）最近在国内谈论得比较多。房地产投资信托是怎么一种手段？它是把房地产的股权打包以后分散卖给投资人，规定95%与房地产相关的收益都要分给投资人。美国的房地产投资REITs有两种形式：第一种是债权类，把房地产债权（如说写字楼开发贷款）产生的现金流（包括本金和利息）打包；第二种是股权类，直接把写字楼的租金收益打包。到了20世纪80年代末90年代以后，基本上发展的都是股权的REITs，直接把写字楼、住宅、商铺给打包，利用租金收益来分红。有了房地产投资信托，开发商造了房子以后，要注重于把这些资产经营好，产生很稳定的现金流，把租金的现金流打包后再上市卖给投资人。这要求开发商不光要注

重开发，更要注重资产管理和物业经营，注重每个月的现金流，而不是期待明年这个房价涨多少。这实际上有助于房价理性回归，是稳定的长期房地产投资的有效工具。

（二）有利于房地产市场长期稳定发展的房价调控建议

我们在每一个城市或每一个小区可确定基准楼价，在此基础上制定一个每年楼价的最高升幅，即为通胀加某一个小百分点，此最高升幅可称为合理回报。当楼市成交出现高于最高价的情况时，超出部分百分之百征税。在此政策下，楼市不会出现涨幅高于正常回报的情况，这基本可杜绝投机需求。为防止限定涨幅上限后出现房价大幅下跌的情况，也可限定跌幅下限，也就是政府保底。如果一个单元的最低价位100万元，出现跌破100万元的情况，卖家可将这个单位抵押给政府，获得100万元的住房抵押债券，政府可确定这个债券合理的回报率（略高于银行存款利率）。如果急需现金，可设立债券市场，通过债券市场进行套现，这就建立了资产证券化的有效交易市场。

这对政府是一举多得的：一是可以拓展税源，不需要完全依赖于土地财政；二是政府拥有一定的房源，可提供比较稳定的租赁供给，有利于租赁市场的发展，也符合当前租售并举的政策导向；三是随着房价和租金回到比较合理水平后，地方政府可利用这些资源推出房地产投资信托产品。

最后，我的结束语是借用总书记今年春节致辞问候大家的话，"安得广厦千万间，大庇天下寒士俱欢颜"！希望广大的老百姓和人民大众都能够拥有一套买得起的住房，能够安居乐业。

录音整理：赵灵

金融科技与监管科技

方兆本，中国科技大学统计学金融系教授，博士生导师。1966年获得中国科学技术大学数学系学士学位，1986年获得美国匹兹堡大学统计学博士学位，主修数理统计学，主要研究方向为金融工程与金融科技。曾任中国科学技术大学管理学院院长，安徽省政协副主席，主持多项自然科学基金及社会科学基金，出版中英文著作7部，在统计、经济、保险、金融科技、金融工程等领域发表代表性文章70余篇。

【编者按】

2018年4月17日上午，"金融鹏程大讲堂"第29期顺利举行。中国科技大学统计学金融系教授、博士生导师方兆本教授首先从金融科技的三个阶段、互联网金融的十个来源，再到全球顶尖金融科技公司领域分布、区块链技术、金融科技与银行，最后到Open API、监管科技等方面进行了全面、翔实的介绍，并提出了一些见解与建议。

【核心摘要】

生态圈中，重要的是操作模式的创新，需花大量精力投入。当操作模式的创新有所突破时，传统银行就有了新的东西。所以，银行的新策略应该是运作模式的创新。银行一定要充分运用好AI。

我认为应给创新和改革留一个窗口，我并不是在防范金融风险的情况下唱反调，而是要两手抓、两手都不误。创新和业务发展、监管技术提高对于整个金融健康业务发展是一把双刃剑，你不能完全卡死不动，不创新就无效率，无效率就不发展，不发展就惹麻烦，就走上歪路子弄钱，就是这个逻辑。建议可考虑在严守金融风险底线的前提下，为创新留有一个窗口。

金融鹏程 **大讲堂** （第二辑）

大家上午好！今天我的介绍分为三个部分。第一部分是FinTech，第二部分是金融科技和银行，第三部分是金融科技里面几个新的"Tech"之一——"RegTech"。

金融科技

（一）起源与关键环节

Elon Musk 是一个投资人，也是一个创业者，现担任太空探索技术公司、特斯拉公司的 CEO。Elon Musk 把汽车弄到外太空去了，在外太空照了一张照片，这是对传统思维的大胆创新与挑战。他本人投资了 PayPal，PayPal 挑战了我们整个支付清算系统。我认为在金融科技里面有两个突破性的挑战，其中一个创新的就是 PayPal，PayPal 对支付领域影响巨大，是革命性的。我将现在的支付总结为

"蓝、绿、红、黑","蓝"就是支付宝、"绿"就是微信、"红"就是云闪付,"黑"是 Apple Pay 苹果支付。但现在云闪付块头比较小,要和那两个"蓝""绿"竞争需要费点劲儿,所以要银行的同仁们一起来帮他们一把。我觉得多一些竞争比较好,有利于社会的健康发展和老百姓福利。所以,金融科技是由挑战者和创新性思维引起的。如果说,互联网时代浏览器是重要的入口,那么在金融领域最重要的入口就是数字钱包,支付抓住了数字钱包这个入口,实际上也抓住了金融里面的重要环节。现在"蓝""绿""红""黑"的竞争仍在继续。

(二)未来金融是新生态

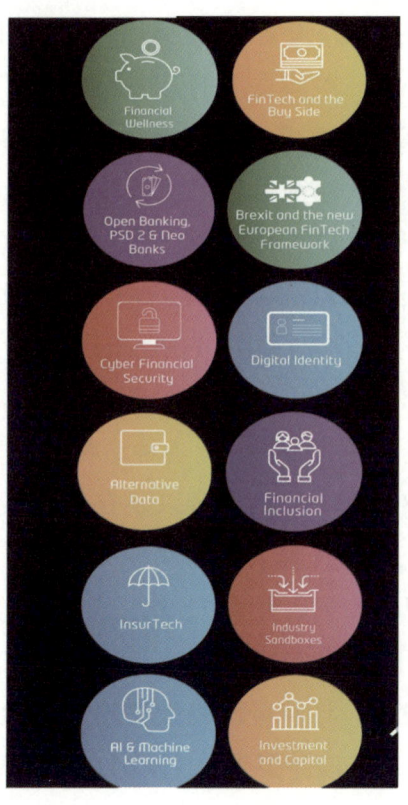

上面每个球都是金融科技的一个方面，科技的进步是一个大球，现实的金融实践也包括金融的改革、创新、稳定等各方面，是另一个大球。两个球交接的地方是金融科技萌生起来的地方。但是它不是一个简单的交集，它改变了生态，成了未来的金融。

（三）金融科技的发展阶段

我把金融科技分为一个"大三阶段"、一个"小三阶段"。"大的三阶段"具体为：1866—1978年的第一阶段，即以在太平洋海底建立电缆为标志；第二个阶段是从1978—2008年，地球是平的，是改革开放经历的年代，也是数字化和全球化年代；第三阶段是从2007年、2008年美国引发的全球金融危机开始到现在，危机仍未完全结束，但金融科技方兴未艾，繁花似锦，由中小初创公司驱动。

互联网金融是第三阶段发展的其中一个典型生态。我认为互联网金融一定要从10个来源考虑。一是互联网，没有互联网就没有这个东西。二是云计算。半个世纪以前有计算机专家就说，计算机有一天会成为一个公用资源，现在已经是这样了。现在Fintech中最潮流的一个东西是Open API，API是用户应用的界面接口，因为开源，所以各类软件和信息能随时调用。FinTech还有一个潮流是协调统一，各种东西能够很容易的整合，这是一个方向，单打独斗是不行的。无论监管、创新还是业务流程等，各种事物在IT时代、在人工智能时代都是有可能整合在一起的，所以要有这个思路。云计算后面还有雾计算（fog）、边缘计算、认知计算（即学习人脑），再厉害的就是量子计算。现在美国研究到72个量子比特。计算机专家们已经说，如果量子计算机达到72量子比特，以他计算速度算出来的东西，我们现有的计算设备、计算量已经无法验证它的对错。但是量子计算机到实用阶段还有一段路要走，各国都在这方面抓紧努力。另外，还有一块是量子模拟计算，这个进入实用还是比较快一点的。三是大数据。到2020年，全世界的大数据五分之一是在中国，70%为个人数据，现在这个数据量非常大，速度快，种类繁多。四是移动互联，指互联网的技术、平台、商业模式和应用于移动通信技术结合并实践的活动总称，移动互联现已成为有最大市场潜力、最快发展速度、最具发展前景的一项科技产物。五是智能手机，就像个人电脑一样，具有独立操作系统，独立的运行空间，为用户自行安装软件、游戏、导航等第三方服务商提供的程序。六是平板电脑，便携式的移动电脑。七是电子商务，在中国是马云的天下，通过互联网实现商品买卖。八是外包、众包。专业的人做专业的事，众人拾柴火焰高，可以用众包的办法做，还有一个众筹，与金融有关，众筹分两块，一块是做社会公益事业，另一块叫股权众筹，尽管有的众筹做了非法集资，名声不太好，但是社会对于公益事业来说，这种方式还是一个较好的创新方式。九是社交媒体，我们的微信是一个例子，脸书是一个例子。十是人工智能、声音识别，这类技术与金融关系最大。

（四）关键技术路径及应用

金融科技绝对是未来一个新的生态，我看到这样的一个三角，一只手是人工智能，另一只手是区块链，背后是大数据。人工智能和区块链两个之间相互合作。区块链是一个大概念，币只是其中一个应用而已。区块链有三大特点：一是无中心，二是激励，三是共识。如希望详细了解区块链技术，可查询美国国家标准局 NIST 相关的报告，有 100~200 页，详细呈现分布式记账技术所有重要的内容。区块链技术是一个数据库技术，区块链技术是分布式记账技术中的一种，现在五花八门各种领域都在运营区块链技术。

现在排名前 250 家金融科技创新公司，我将他们分为了 16 个方向，分别是钱包转钱、支付架构、资本市场和交易、众筹、房地产投资、区块链、财富管理、移动银行、金融服务和架构、租赁市场、个人消费心态、商业租赁、抵押贷款、信用评分、零售服务和保险。金融科技公司将不断瞄准客户服务的空白点，想方设法在服务空白区域为客户提供各类便捷服务，FinTech 公司将会补上这种新服务，客户体验、客户服务将得到优化。

金融科技与银行

（一）金融科技在银行领域的应用

当前我认为银行需高度重视的在于用户体验方面，你要知道客户真正的想法，你要了解客户，那么如何实现"了解客户"呢？答案是依靠人工智能，了解客户的想法后，针对性改善整个运营机制、改善灵活性、便捷性，且能节约成本，这样客户就变忠诚了。

FinTech 就是函括这些方面，具体内容包括 P2P、支付、征信、区块链、反欺诈、众筹、社交媒体、移动资金服务（Mobile money service）等。

众所周知，Visa、Master 与银联在竞争，我们银联这一步走对了。政府用很少的引导资金，用一个市场机制，各家银行一起抱团，现在起码我们中国的老百姓出去使用银联卡已十分方便，否则必须给 Visa 和 Master 交"过桥费"。但是现在这个仗还在打，我认为，在云计算的应用水平或者 AI 的水平上做得最好的是运通（American Express）。一面竞争对手是马云为代表的第三方支付机构，一面竞争对手是国外的这几家大型清算组织，支付清算领域还有很长的仗需要打，这都是金融科技需要解决的问题。

（二）人工智能 AI 应用与模式创新

2017 年，在 AI、深度学习方面有了新的突破。目前，公众号约有 2 000 万个，App 约有 1 500 万个，建议各家银行了解一下所在银行的公众号、网站、App 的下载量，与全世界各家银行的下载量一同排名，一较高低，看看你在金融科技上处于什么位置，掌握新技术的应用程度。前段时间，我们国内各家银行都在加快上线手机银行，随着手机的普及，从线下门店转移至手机上办理业务，而现在已经从"Mobile-First"进入"AI-First"阶段，应该把人工智能用广泛应用于金融业务的各方面，而人工智能的业务要和区块链的业务有机结合。

大银行、互联网和小的金融机构构成一个生态，加上政府、市场、百姓，又构成一个更大的生态。生态圈中，重要的是操作模式的创新，需花大量精力投入。当操作模式的创新有所突破时，那么传统银行就有了新的东西。所以，银行的新策略应该是运作的模式的创新。银行一定要充分运用好 AI。AI、区块链、大数据构成一个三角。人工智能在银行业已经得到了较好的实践，各家银行可以相互借鉴、学习，得到相应的启发。今天有传闻说高盛收了一家 FinTech 公司——Clarity Money，也就是说，这些大的银行现在正在大刀阔斧地收购这些 FinTech 公司来解决它们的问题。

监管科技

（一）定义与特征

什么叫 RegTech？RegTech 可以定义为监管与科技的有机结合，主要作用是利用技术帮助金融机构满足监管要求。我认为 FinTech 和 RegTech 不太一样，按我的理解，FinTech 是金融的新生态、是未来的金融，如诺贝尔奖得主席勒在《金融和好的社会》这本书里所描绘的，金融是为经济和社会发展寻找解决方案，而 Fintech 可用于解决各种金融问题。实际上，金融科技是一个大的概念。而 RegTech 实际是将上述各种技术与监管结合起来，是金融科技中很重要的一部分内容。

监管科技有四个特征，第一大特征是 Agility，Agility 意思是便捷、灵活、体验好；第二个特征是快速反应；第三大特点是整合；第四是利用大数据进行分析。无论金融机构还是金融监管机构，都可抓住上述关键特点建立自己的监管科技实践，或弥补监管技术的不足，让监管科技真正发挥作用。比如，金融监管机构应利用监管科技，尽量摸清当前金融科技现状，如深圳有多少 FinTech 公司、深圳参与"虚拟币"的人数、从事 ICO 的人数及盈亏情况，有助于提前防范风险，从整体上精准把握方向，提高决策的准确性。

（二）市场概览

RegTech 的缘起并不长。2015 年 3 月英国提出了 RegTech，用同样互联网思路，把发展和自身业务有机结合，并进行机制创新，由此衍生出一个新的方向。在新的方向下，必有很多小型公司会参与这件事情。现在包括《金融时报》《华尔街时报》等杂志都在大幅报导中国的 Fintech 与 RegTech，大家叹为观止。现在有一个说法是在华尔街买公司，然后卖到中国来，卖到东方，即"Buy West，Sell East"。我去调研了一家知名比特币行业的公司，从南到北走了一圈，也感受到从南到北的市场化意识程度不一样。深圳市政府是出台规则扶持互联网金融，上海属中规中矩，北京相较最严。

（三）如何实现监管科技

如何将监管转化到 Code（代码）里呢？答案就是我上面提到的最热潮流——Open API。现在都讲"平台"，我国已建立了 5 个 AI 平台，所以说，金融机构要做 AI，应与其他大型互联网平台合作，如阿里巴巴，还有亚马逊的云平台 AWS 等都不错，美国还有一个很好的云服务企业"VMware"。金融机构与大型互联网平台合作，就是倒逼现有业务转型，改革是在倒逼中诞生的。除了 OPEN API 外，还有 Dapps。简单来说，API 是到后台数据中心去调数据，而 Dapps 是到区块链里面调动"块"和"链"的，它的功能是把不通的东西链接起来。因此，监管工作如果不变成 Code 或 API 应用，就很难实施。API 的 Code 可大幅提高监管效率，大幅提高对问题的把握程度。

(四)如何应对反监管科技

现在不仅有监管技术,还有反监管技术。我们应总结一下如何对付反监管技术。比如,反监管技术针对外汇监管政策、ICO 的监管等开展监管套利,监管部门应该如何应对。监管机构在明处,被监管对象身处暗处。因此,需要拓展监管思路,形成鲜活的、"沙盒"以及留空性的监管思路,这样可使"干坏事"的人露出点马脚,监管机构予以及时侦查发现。当然,拓展监管思路不能违背中央整体政策方向,最重要的还是按照党中央、国务院的统一号令,我没有鼓励单独干一套,我鼓励的是应该有"监管沙盒"的思想,做一些新监管技术方面的试验。

(五)智能合约在监管领域的运用

智能合约是区块链领域很重要的一方面。现在,智能合约在许多方面已发展起来。智能合约在解决房地产债务或者所有权属争议方面具有很大优势,政府可以在这方面做很多事情。

(六)推荐关注的研究课题与报告

有一个组织叫作国际监管科技协会(IRTA),它是拥有创新、先进共享视野的个人与机构的联合社区,影响着监管科技的未来发展。大家可以关注一下上面的信息。还可关注一家机构叫 IIF(Institute of International Finance),可以查找阅读一篇文章 *Improving global AML efforts with technology and regulatory reform*。另外,麦肯锡出过一个报告 *The future of risk management in the digital era*(数字时代的风险管理未来)。中央给我们提了三个任务:一是防止系统性风险,二是精准扶贫实现小康,三是防止环境污染。防止环境污染跟我们有关的就是如何发展绿色金融,所以绿色金融要跟上。IOT,

即物联网，与供应链金融密切关联，也要跟上，精准扶贫更是跟金融机构有很大的关系，叫包容性金融。安永、德勤也相继发布了关于 RegTech 的报告，分别是 *Innovating with Regtech—Turning regulatory compliance into a competitive advantage*、*Regtech is the new Fintech—How agile regulatory technology is helping firms better understand and manage their risks*。在有关咨询机构的报告中，全球金融科技转型得分最高的是这家西班牙公司，基本上他的 online 银行在全世界很有名，基本不需要门店银行，全世界几十家，你去查"NEO Bank"。很多银行都很厉害。中国银行也在榜上，得分只有 5.0 分，中国工商银得分是 7.0 分，所以我们金融科技的情况一目了然，我不是打击我们自己的自信心，而是我们定位要搞清楚，我们还有多少路要走，我们还有多少事要做。

（七）正确处理监管与创新二者的关系

我认为应给创新和改革留一个窗口，我并不是在防金融风险的情况下唱反调，而是要两手抓、两手都不误，创新和业务发展、监管技术提高对于整个金融健康业务发展是一把双刃剑。你不能完全卡死不动，不创新就无效率，无效就不发展，不发展就惹麻烦，就走上歪路子弄钱，就是这个逻辑。建议可考虑在严守金融风险底线的前提下，监管应为创新留有一个窗口。

以上是今天讲座的内容。由于时间有限，这次讲座只初步展示了金融科技研究大框架下的思路和信息检索指引，如果各位有兴趣，可以就某一个主题或几个主题，进一步搜集相关资料，对关键、有益的英文文献、研究报告、技术白皮书等进行翻译和编译，开展深入的专题研究工作。谢谢大家。

录音整理　刘絮莹

深化金融改革开放，防控金融风险隐患

王宇，中国人民银行研究局副局长、研究员。1994年获中国人民大学经济系经济学博士学位，1996在中国社科院世界经济与政治研究所完成博士后研究。1996进入中国人民银行，先后在货币政策司、金融市场司和研究局工作。其间，曾在美国斯坦福大学做访问学者。现任世界经济学会常务理事、美国经济学会理事，清华大学金融学院兼职教授，《中国经济时报》和《财新》杂志专栏作家。

曾在《经济研究》《金融研究》《国际金融研究》《世界经济》《财经》等杂志发表论文600多篇。在商务印书馆三联出版社等出版《货币政策的决策与传导》《医保改革的经济学分析》《价值起源》等个人学术专（译）著20多部。

作为首席专家参与过多项国家社科基金重大项目，包括：2014年度国家社科基金重大项目《深化政策性金融改革研究》；2012年度国家社科基金重点项目《利率市场化改革与利率调控体系研究》。

先后多次获得学术表彰：1993年获国家教育部"挑战杯"一等奖，1994年获中国人民大学吴玉章奖，1995年获中国社会科学院"中国社科优秀论文"一等奖，1998年获"中国金融学会优秀论文"二等奖，2001年获"全国金融系统优秀论文"一等奖，2007年获"中国金融学会优秀论文"一等奖，2014年获中国人民银行重点研究课题二等奖。

深化金融改革开放，防控金融风险隐患

【编者按】

2018年5月4日上午，由中国人民银行深圳市中心支行和深圳经济特区金融学会联手精心打造的"金融鹏程大讲堂"迎来第30讲。中国人民银行研究局巡视员、研究员王宇作了题为《深化金融改革开放，防控金融风险隐患》的专题讲座。王宇研究员从防范金融风险隐患、深化中国金融改革、扩大中国金融开放等多方面展开，揭示了防风险、深化改革与扩大开放之间的关系。

【核心摘要】

由于我国房地产体量较大，一旦发生风险，可能产生重大冲击，对实体经济、金融体系和居民财富造成隐患。为此，要建立房地产健康发展的长效机制。近期要完善土地供应制度，采取更科学的土地供应方式，防止房价大起大落；中期要增加租赁住房供应，提高中小城市基本公共服务均等化水平。

金融市场体系改革的目标：拓展金融市场的宽度和深度，提供更加多元化和多样性的金融工具和金融服务，建立更加开放、包容、更具韧性的金融市场体系。

从理论上讲，对外开放是我国的基本国策，是经济金融走向繁荣的必由之路。从实践上看，中国对外开放的方向是明确的、信心是坚定的、脚步是扎实的、成就是巨大的。下一步，将加大金融对外开放力度，有序放宽金融市场准入，推动形成全面开放新格局，建设更高层次的开放型经济新体制和现代金融体系。

我与大家分享三个问题。一是认识和防控风险隐患，二是深化中国金融改革，三是扩大中国金融开放。

认识和防控风险隐患

习近平总书记强调，防范化解金融风险，事关国家安全、发展全局、人民财产安全，是实现高质量发展必须跨越的重大关口。防范和化解金融风险的首要任务是甄别和认识风险。

（一）杠杆率上升

高杠杆是金融脆弱性的重要根源，杠杆率上升意味着金融风险上升。国际清算银行通过对一些国家债务数据的研究发现，如果一个国家杠杆率越高,增速越快,发生金融危机的可能性就越大。最近我国企业部门负债率持续上升的势头基本得到遏制,但企业部门去杠杆仍是一个长期任务。我国工业企业的整体负债率仍然偏高,在企业部门的负债构成中,国企负债率持续上升,至2016年已经超过66%,为此,要将国有企业降杠杆作为重中之重,做好"僵尸企业"处置工作。

(二) 房地产市场泡沫

近年来,我国出现了多轮房价上涨,使房地产市场形成了高价格、高库存、高杠杆、高度金融化和高度关联性等风险特征,与居民家庭可支配增长差距持续拉大,呈现泡沫化趋势。由于我国房地产体量较大,一旦发生风险,可能产生重大冲击,对实体经济、金融体系和居民财富形成隐患。为此,要建立房地产健康发展的长效机制。近期要完善土地供应制度,采取更科学的土地供应方式,防止房价大起大落。中期要增加租赁住房供应,提高中小城市基本公共服务均等化水平。

(三) 地方政府隐性债务

过去一个时期,一些地方政府通过各类投资基金、政府与社会资本合作项目、政府购买服务、违规担保等方式形成较大规模的隐性债务。政府过度举债和债务累积可能引发财政预算风险甚至财政预算危机。下一步,一方面要依法开好地方政府规范举债的正门,地方政府只能采取发行政府债券方式规范举债,并且合理确定发债规模;另一方面,要严堵违法违规举债融资的后门,地方政府要转变发展理念,不能再走高负债投资拉动经济增长的老路。

（四）影子银行风险

影子银行是游离于监管体系之外、可能引发系统性风险和监管套利等问题的信用中介体系，包括相关机构与业务活动。与商业银行的"借短贷长"相似，影子银行也存在"借短贷长"，即在货币市场进行批发性融资，获取短期资金，在债券市场和资本市场投资于期限较长的证券化产品，也有可能形成挤兑，酿成风险。近年来我国影子银行增长较快，一些金融和类金融机构以资产管理、同业业务、资产证券化等名义变相从事信贷活动，形成较大的、不受监管或监管不足的影子银行体系。为了防范和化解可能由影子银行引发的风险隐患，应当对金融机构资产管理业务、同业业务、委托贷款和泛资产证券化等业务，实行严格的审慎监管制度，按照业务类型进行功能监管和宏观审慎管理，防止过于复杂的产品加剧跨行业、跨市场、跨区域的风险传递。

（五）乱办金融

过去我国乱办金融形势比较严峻。一是无照经营，没有取得相应的牌照就擅自开展金融活动。二是超越授权，有牌照但是超越授权进行经营活动。三是开展非法的金融活动，包括地下钱庄、各种金融骗局。四是恶意欺诈，虽然有牌照，也是在开展授权的经营活动，但是不当销售，恶意欺骗金融消费者，侵犯金融消费者正常的权益。下一步，必须采取有效措施，严禁无牌照经营和超范围经营。全面实施金融机构及金融业务持牌经营制度，一般工商登记注册的企业不得从事或变相从事法定金融业务。监管部门、工商管理、公安部门协同配合，加强对企业注册名称、经营范围、业务活动监管，查处非法金融业务。打击金融诈骗，规范民间借贷，打击各类高利贷活动。

深化金融改革开放，防控金融风险隐患

深化中国金融改革

（一）金融机构体系改革

一方面要建立现代金融企业制度，完善金融机构的内在激励机制和外在约束机制，完善金融机构的公司治理和市场纪律，增强金融机构和金融机构体系的活力、竞争力和防控金融风险能力；另一方面要打破垄断，适当降低准入门槛，支持发展民营金融机构和中小银行。提高金融服务实体经济效率，提高金融服务民生保障水平。

（二）金融市场体系改革

金融市场体系改革的目标：拓展金融市场的宽度和深度，提供更加多元化和多样性的金融工具和金融服务，建立更加开放、包容、更具韧性的金融市场体系。金融市场体系改革的内容：增加金融市场的交易主体；丰富金融市场的交易工具；增加金融市场的交易工具；降低金融市场的交易成本；扩大金融市场的交易规模。从目前情况看，要推出更多的货币市场和债券市场的金融工具；发展直接融资特别是股权融资，建立多层次资本市场；发挥保险机构和保险体系的社会稳定器作用，拓展保险市场的风险保障功能。

（三）金融监管体系改革

在国家层面，健全金融监管协调机制，建立国务院金融稳定发展委员会。在央行层面，强化中国人民银行宏观审慎管理和系统性风险防范职责。在监管部门层面，明确金融监管部门的职能定位，使其专司监管职责，加强宏审慎监管、微观审慎监管与行为监管。强化监管问责制度。守住不发生系统性金融风险的底线。将主动防范化解系统性金融风险放在更加重要的位置上，科学防范，早识别、早预警、早发现、早处置，着力防范化解重点领域风险，着力完善金融安全防线和风险应急处置机制。

扩大中国金融开放

（一）坚定金融开放的信心

党的十九大报告强调，"开放带来进步，封闭必然落后"。如果说在改革开放初期，我们存在较多担心和顾虑而实施了各种保护措施，那么，在经历了四十年关于经济金融"封闭"与"开放"、"开门"与"关门"的理论讨论和实践探索之后，过多担心与顾虑已无必要。正如习近平总书记所说，当年，中国对经济全球化也有过疑虑，对加入世界贸易组织也有过忐忑。但是，我们认为，融入世界经济是历史大方向，中国经济要发展，就要敢于到世界市场的汪洋大海中去游泳，如果永远不敢到大海中去经风雨、见世面，总有一天会在大海中溺水而亡。中国勇敢地迈向了世界市场。在这个过程中，我们呛过水，遇到过漩涡，遇到过风浪，但我们在游泳中学会了游泳。这是正确的战略抉择。

总之，从理论上讲，对外开放是我国的基本国策，是经济金融走向繁荣的必由之路。从实践上看，中国对外开放的方向是明确的、信心是坚定的、脚步是扎实的、成就是巨大的。下一步，将加大金融对外开放力度，有序放宽金融市场准入，推动形成全面开放新格局，建设更高层次的开放型经济新体制和现代金融体系。

（二）坚持金融开放的原则

一是准入前国民待遇和负面清单原则；二是金融业对外开放将与汇率形成机制改革和资本项目可兑换进程相互配合，共同推进；三是在开放的同时，要重视防范金融风险，要使金融监管能力与金融开放度相匹配。

（三）扩大金融开放的措施

实施准入前国民待遇加负面清单管理模式。坚持自主、有序、平等、安全的原则，全面实行准入前国民待遇加负面清单管理模式，继续精简负面清单，抓紧完善外资相关法律，加强知识产权保护。

逐步放宽外资金融机构准入。逐步放宽对外资金融机构的准入限制，推动国内银行业、证券业和保险业的双向开放。按照内外资同等对待标准，对中资与外资金融机构一视同仁，建立公平公正的市场环境。

  提高中资金融机构国际化水平。建立现代企业制度，完善金融机构公司治理。支持有条件的中资金融机构走出去，提高国际竞争力，优化全球网点布局。增强对境外中资企业服务能力，推动跨境金融服务从传统业务向新兴业务或高附加值业务方向发展，提高本土化程度和国际竞争力。

  有序推进资本项目可兑换。逐步加大资本市场和货币市场、衍生工具、信贷业务，以及个人资本交易等资本账户开放力度。研究推出可转换股票存托凭证，研究推出合格境内个人投资者境外投资制度试点。"结合股票发行注册制改革，探索在与现有政策和国内股票市场发展衔接基础上，允许少量符合条件的优质外国公司在境内发行股票。"

  稳步推进人民币国际化。提高人民币可自由使用程度，完善人民币的计价结算功能，研究推动大宗商品交易用人民币计价结算，支持跨境电子商务人民币计价结算。提升人民币交易和储备功能，进一步推动人民币对其他货币直接交易，扩大与境外中央银行或货币当局的货币合作。

  今天分享的主要内容就是这些，个人学术看法，与供职单位无关，不妥之处，请大家多多批评指正，谢谢大家。

录音整理　刘云鹏

量化投资的应用 从股票到衍生品——兼谈人工智能和近期美国市场

孙东宁，北京大学力学系硕士，美国哥伦比亚大学博士，约翰霍普金斯大学博士后；量化投资俱乐部常务理事；绝对收益协会理事；清华大学深圳研究生院课程教授、量化投资中心行业导师；全美华人金融协会（TCFA）理事（2013—2015）；《中国证券期货》杂志学术编委。

拥有十多年的美国量化投资经验，先后任职于瑞士再保险自营交易部（高级研究员），花旗集团投资银行（高级副总裁），瑞士银行投资银行（总监），德意志银行投资银行（执行总监）。专业涵盖利率/信贷/按揭/股票及其衍生品的量化投资、对冲与套利。

2014年11月加盟平安大华基金公司，担任投决会委员，负责量化投资、衍生品投资和跨境投资业务。

量化投资的应用 从股票到衍生品——兼谈人工智能和近期美国市场

【编者按】

2018年5月21日下午,"金融鹏程大讲堂"第31期顺利举办。平安大华基金的量化投资总监、衍生品投资中心总经理孙东宁博士分享了量化投资、人工智能、衍生品,以及对美国市场的一些分析。同时,在交流过程中也分享了他的职业经历,以及对中美贸易争端的一些看法。

【核心摘要】

量化投资利用人的投资经验,从海量数据中挖掘规律,识别模式,用历史的数据进行回测,反复跟踪及调整,挖掘出有效的因子去精选股票,并从优化的角度设定股票的资金权重,从而使一篮子股票的表现超越市场,以获得超额收益。这是一个逻辑加实证的过程,本质上是统计学意义上模式识别在投资中的应用。人工智能作为模式识别的一个分支,可以辅助量化投资进行大数据分析,总结规律,给出因子选择的建议,或者对股票的盈利进行预测,也可以进行公司产业链与相关关系分析,通过财务基本面跟踪和事件跟踪对股票进行预警和负面剔除。

衍生品借助量化的手段,来定价估值和分解风险。在二级市场实操中,股票的建模多侧重于对收益及其波动性的预测,而衍生品的建模要既包含预测模型,也包含无风险套利模型。后者基于当前市场上可观察到的、流动性较好的底层资产和/或基础衍生品的定价,通过建模来匹配这些基础产品的价格,进而由模型外推出当前市场条件下更丰富的基础衍生品和具有更复杂结构的奇异衍生品的合理价格,并给出所关心产品的价格变化对于基础产品的价格敏感度(也称为对冲比率),给出对所关心产品市场风险的量化分解和对冲依据。作为一个实例,CDS是一种信贷衍生品,它作为市场工具,一方面可以定价违约的风险，另一方面可以在不转移物理债项的情况下，对冲违约风险。

当前美国经济处于2007年经济危机以来的最佳阶段，GDP显著上行，劳动力接近充分就业，工资支出成本上升，通胀上行。美联储对利率持有鹰派观点，美联储公开市场委员会对联邦基金利率中枢的预期到2020年都处于上行趋势，今年底的预期中枢为2.25。美联储缩表（量化宽松的逆操作）也在如期进行中，现在每月卖出400亿美元的美国国债和按揭债券，预计10月期每月卖出规模将加大到500亿美元，对长端利率有上抬效果，利率曲线整体上移，并伴随这平坦化的倾向。根据蒙代尔不可能三角，在美国利率上行、资金流入美国市场的大趋势下，美元指数不可能长期下行，而是进入上升周期。

量化投资的应用　从股票到衍生品——兼谈人工智能和近期美国市场

我今天准备了三个题目，第一个讲股票的量化投资，同时稍微谈一下对人工智能在投资应用中的一些看法。第二个题目是衍生品，重点会讲利率衍生品的量化构架和信贷衍生品CDS。如果还有时间，我讲一下第三个题目，即对美国市场近期的一些看法。

量化投资的基本原理及人工智能应用

量化投资的范围非常广，在国内比较常见的有股票的阿尔法策略投资（超额收益投资），有CTA投资（管理期货投资）、高频交易投资，还有各种套利策略等。我今天主要从公募基金的角度来讲股票量化投资。公募基金面对的任务是管理几十亿元、几百亿元大资金，面对的大多是普通大众投资者，监管严格，并且公募基金的交易成本比较高，所以公募基金最主流的股票投资策略是低换手率、低频的超额收益阿尔法策略，主要是基于多因子选股的策略构架。

（一）股票量化投资公募基金基本情况介绍

简单看一下公募量化基金的发行数量和规模。近十年来，每年量化的公募基金发行都在十只以上。2015年因为股票大牛市，发行数量达到44只，发行规模850亿元，当年嘉实基金发行规模最大，达到165亿元。股灾发生后，2016年发行规模迅速下降到195亿元，最大的规模是18亿元。由于2016年量化公募的良好表现及股市总体的上行趋势，2017年发行数量又显著增加，发行规模达到385亿元，特别是对于有几年稳定超额收益的量化团队，新发基金规模显著增长，有的达到了50亿元。2018年截至5月中旬，公募量化基金发行了约38只，发行规模157亿元，最大的规模约18亿元。因为紧货币、强监管及中美贸易摩擦，2018年没有延续2017年绩优价值股上行走势，市场指数整体下行，以超额收益为目标的量化基金业绩也受到影响，发行效果不及2017年。

再看一下量化基金管理规模，量化股票型和混合型基金总规模接近1 900亿元，公募基金的总规模是12.4万亿元，股票型基金2.63万亿元，量化的股票基金目前占所有基金总规模1.5%左右，占股票型基金规模的7.2%。在美国，量化投资的兴起与机构投资者的壮大紧密相关。可以想见，随着社保、保险、养老等机构投资需求的壮大，量化投资在中国会受到更大的重视和青睐。

量化基金各种类型中，被动指数基金大约占10%，指数增强基金大约占30%，近几年指数增强型公募基金的占比在增加。股票型、偏股混合型和灵活配置型三项加起来约占50%，因为灵活配置型的股票仓位可以迅速减到零，可以减少在极端情况下的风险暴露，所以股灾之后这个产品类型占比显著增长。绝对收益公募规模占约10%，这类公募基金通过量化模型进行选股，获得指数收益和指数

量化投资的应用 从股票到衍生品——兼谈人工智能和近期美国市场

之上的超额收益，通过股指期货来对冲掉股票指数的波动，从而使整个的股票+期货持仓组合的收益为股票组合的超额收益部分。这类绝对收益公募由于2015年9月2日股指期货受限，新发终止，数量上近几年没有增长。

（二）股票量化投资公募基金最主流的投资策略

量化投资关注什么？量化投资关注的是超额收益。从沪深300这十年的走势看，每年的平均收益大概只有4%，如果仅作跟踪指数的被动投资，收益很低。量化投资是通过有效的策略来精选股票，使我们产生一个战胜指数、超越指数的超额收益。基于超额收益，我们就可以做两类产品：第一类是相对收益产品，选取特定的指数作为基准，超越它；第二类是绝对收益产品，通过市场工具比如股指期货，还有未来可能要推出的股指期权，来对冲整个市场指数的风险。

市场上超额收益可以长期存在吗？这和市场上的投资机构有很大关系，比如，在美国，机构投资者占主导，市场相对比较理性，想获得长期超越股票指数的收益比较困难，超额收益，年化超额收益常常只有1%~2%，甚至是负超额收益。在中国，市场上散户占有股票流通市值的25%左右，却占交易额的85%，所以市场的交易主体是散户。由于这个原因，中国市场远远不是一个有效市场，存在着追涨杀跌等交易行为所带来的大量的市场异象，这是挖掘规律、制定策略从而获得超额收益的市场基础。量化投资就是利用人的投资经验，基于历史数据（样本内）进行回测，从海量数据中挖掘出规律，形成确切的规则。对于回测有效的策略，进一步进行模拟盘（样本外）跟踪，并进而对模拟盘验证有效的策略投入实盘操作，通过电脑有纪律地执行。在执行过程中，不停的观察策略表现，归因分析，并适时修正、回测、模拟、实盘。这个过程其实跟科学研究的过程很相像，所以搞量化投资的人通常需要有科学研究的背景，需要有做数学模型的经验和电脑编程的能力。

目前市场上公募基金最主流的策略构架是多因子模型，主要基于上市公司的财务基本面和量价信息，去挖掘有效的因子来精选股票以获得超额收益。常见的维度，一个是价值维度，如市净率、市盈率，还有现金流资产的比例等；另一个是成长的维度，比如，我们要看公司的净利润增长率、市场占有率的增长率等；量价维度，中国市场上价格的走势存在非常多不合理的追涨杀跌和价格波动现象，比如，2017年绩优价值股持续较久的价格增长趋势（所谓动量现象）和多数年景下偏低市值股票显著的中短线价格反转现象。

前面讲到的多因子选股涉及的是如何选择有效的因子或标准来对股票打分排序，从而获得股票选择的优先顺序和股票（超额）收益率的预测，这是量化投资的第一条腿。量化投资的第二条腿是风险分解。对我们所关心的任何一支股票，我们将其收益分解为一系列共同的市场因子所带来的收益，通常通过统计回归分析来确定，而不能为共同因子所覆盖的收益部分（统计残差）为该股票特异性的收益。共同因子收益通常包含股票所处的行业收益，以及风格（比如市值、市净率等）收益。这样，每一只股票的收益率及其波动率被归因为共同因子的收益率和特异因子收益率，以及它们的波动率。基于因子收益率的历史进行建模，实现对因子收益率波动性的预测（准确地讲是预测因子收益率波动的协方差矩阵），进而实现对股票收益率波动性的预测。在此基础上，针对量化精选出来的一揽子股票，我们采用个股上的资金比例来对上述股票的收益率分解进行加权，非常量化地了解到这一揽子股票收益来自每一个行业、每一个风格和特异性因子收益的贡献，清晰地显示一揽子股票的风险，

量化投资的应用 从股票到衍生品——兼谈人工智能和近期美国市场

这是量化投资一个明显优势。

基于上述的风险分解,我们可以比较持仓组合与指数组合的风险暴露差异,即针对持仓组合和指数组合(如沪深300指数)分别进行共同因子(行业和风格因子)和特异因子的收益分解,清晰刻画出持仓组合相对于指数组合在每一个行业和每一个风格上的超低配情况。量化基金经理进而可以通过调整个股的权重来实现对市场未来走势的预判:如果基金经理对未来行业或者是市场风格走势没有明确的观点和预判,可以通过个股权重的调整使持仓组合在行业和风格上相对沪深300保持中性; 如果基金经理认为自己对某些行业和风格未来走势有较好的预判,则可以通过主动暴露相应行业和风格,即相对于指数超低配,来实现风险溢价所带来的收益(所谓SmartBeta收益)。

中国市场上从过去的历史上看Beta风险很大,但超额收益是长期存在的。落实到因子的层面,在一定的时间段,超额收益因子会受到政策等因素的影响。所以我们要做两方面的工作,一方面的工作是精细地回测和挖掘哪些因子有效;另一方面是分析因子有效和失效的环境,并对环境进行跟踪,从而指导因子的选择。

伴随着量化投资在国内市场的普及,因子和策略的同质化会变得严峻起来。 因此,广开数据源,开发特异性的因子和策略是量化投资团队保持竞争力的一个重要手段。

随着中国机构投资者占比增高,大类资产配置的需求会随之升高,量化投资手段在这个领域有望获得有效的应用。一方面,量化手段可以用于对各类资产收益的因子化建模,并通过因子的分析,把握资产的收益走势与波动性。 另一方面,量化方法可以用于基金的归因分析,客观评价基金的风格,从而合理地选择风格稳定的基金,通过FOF手段,实现资产配置。

（三）人工智能在量化投资中的应用

人工智能是基于大量数据和算法驱动的机器智能，本质上是模式识别的一种形式，因此人工智能投资隶属量化投资的范畴。因为股票市场是一个复杂的开放系统，很多因素如宏观经济、公司治理、人的情绪与心理干扰等都在影响股价的变动，哪个时点、哪个因素起的作用更大，难以完全准确地把握。人工智能在投资中起到辅助的作用，指望重现人工智能在封闭系统如 AlphaGo 上的优异表现是不切实际的。

人工智能在量化投资中有几个可应用的方向。一方面，人工智能的方法辅助我们进行投资研究、总结规律。比如，说如果美国的短债价格突然上升，那么短债上升的原因是什么，后果是什么，如何进行投资的决策？对于这样的问题，如果人工去研究，研究员可能用一周准备数据，然后再用两周来分析，最后给出结论。运用人工智能，它可以实时监控各种数据，根据需要迅速收集数据，采用智能算法迅速推出结论，作为投资决策的参考。这个自动化过程可能几个小时或者一天就可以完成。另一方面，针对数据充足、同时模式稳定的高频交易环境，人工智能适合于模式识别，应用于交易下单环节（算法交易），或应用于日内回转交易。

公募基金公司的股票投资比较低频，模式的稳定性弱于高频交易环境，人工智能只能起辅助作用。有些因子在某些年份回测有效，在某些年份却无效，典型的如小市值因子在 2009—2016 年非常有效，但在 2017 年就显著失效。人工智能可以帮我们进行情景分析，定义市场环境，并挖掘出在什么样的市场环境下哪些因子会有良好的选股表现，从而结合当前的市场环境给出因子选择的建议。另一个应用场景是基于估值的选股（如市盈率 PE 和净资产回报率 ROE）中

量化投资的应用 从股票到衍生品——兼谈人工智能和近期美国市场

用到了上市公司的盈利数据，常见的数据源中会给出财报的盈利数据，以及基于此的 PE、ROE 等静态的历史数据。这些数据存在两个问题，一个是这是已经发生的历史数据，不能反映上市公司未来的盈利状况，不能刻画盈利的潜力；另一个问题是财务的真实性如何。人工智能可以基于 A 股市场大量的财务历史数据，基于经营、销售、公司治理等多个维度与后续公司实际盈利数据的关联关系，实现对公司盈利的有效预测，进而给出 PE、ROE 的有效预测。人工智能的第三个应用场景是从财务指标、上下游供应链关系、股东结构等对上市公司进行综合画像，从而可以根据相关联公司的经营情况、物流关系、关联交易信息等对上市公司的风险提前进行预警。

金融衍生产品

今天基于我在华尔街的工作经验，给大家简单介绍一下金融衍生品的基本规模、基本的量化构架，以及 CDS 这种信贷违约衍生产品。

（一）金融衍生产品的分类及规模情况

根据金融衍生品的基础资产，可将其大致分成利率衍生品、股票衍生品、外汇衍生品、商品衍生品、信贷衍生品等几大类，每一类衍生品大致又分为三种产品，分别是远期、互换和期权。基于这个之上还有一些复杂的产品，比如，互换可以内嵌期权等。衍生品中最大的一类是利率衍生品，2013 年的利率衍生品规模是 561 万亿元，占当时所有衍生品的 81%，信贷衍生品是 24 万亿，商品衍生品是 2.5 万亿元，而股票衍生品是利率衍生品的 1.2% 左右。2017 年以来的最新数据表明，除了外汇衍生品从原来的 73 万亿美元上升到 77 万亿美元外，其他的各种衍生品的规模均有所下降。衍生品规模下降的主要原因是 2007 年金融危机以来，世界范围监管趋严（美国 Dodd-Frank 法案和 Volker 法规，国际上 Basel 协议，等等），衍生品业务由于风控和风险资本提高（RWA）普遍受到了一定的抑制。目前，基础的衍生品如利率互换、利率欧式期权、信贷违约互换及其指数等仍有广泛的市场需求，但结构上非常复杂的奇异（Exotic）衍生品业务缩量显著。

（二）金融衍生产品的量化构架

衍生品需要借助量化的手段进行定价估值和风险分解。衍生品的建模既包含预测模型（主要为基金公司和资产管理公司所关注），也包含无风险套利模型（主要是做市商所关注）。后者基于当前市场上可观察到的、流动性较好的底层资产和/或基础衍生品的定价，通过建模来匹配这些基础产品的价格，进而由模型外推出当前市场条件下更丰富的基础衍生品和具有更复杂结构的奇异衍生品的合理

量化投资的应用 从股票到衍生品——兼谈人工智能和近期美国市场

价格,并给出所关心产品的价格变化对于基础产品的价格敏感度(也称为对冲比率),给出对所关心产品市场风险的量化分解和对冲依据。

利率衍生品是规模最大的一类衍生品。利率衍生品的量化策略构建在流动性很强的美国市场上首先是基于利率曲线(利率的期限结构)的。我们面对着利率市场评估一个利率产品的合理价格,首先要用存款利率、利率期货和利率互换等利率工具来建立利率曲线,通过当前的利率曲线计算出未来任何时段的远期利率(无套利的合理预期利率),以及未来任何一个时点到今天的折现因子,基于此我们可以计算出一个利率产品在未来每一个支付期内的预期现金流和这个现金流折现到今天的合理现值。进一步,我们可以将计算这个利率产品的现值对利率曲线上各利率工具的价格敏感度,从而实现该利率产品对利率曲线工具的风险分解。

发达市场上的基础利率期权包括欧式的看涨期权、看跌期权、利率互换期权等,通过OTC做市商机制实现良好的市场流动性。有了这些基础期权的报价,我们就可以通过量化建模来实现对任意欧式利率期权的报价。再进一步,对于更加复杂的产品,可以实现模型化的外推报价。例如,机构双方做10年期利率互换,一种变体是双方先锁定2年内进行常规的利率互换(即定期地一方付固定利率,一方付浮动利率,定期轧差支付),但是2年之后,浮动利率支付方式每半年可以有一次机会进行选择,如果利率上浮太大或预期上浮较大,浮动利率支付方有权取消这个利率互换。这个内嵌的期权术语上叫作百慕大式期权,对于这个期权的定价需要建立量化模型,并调整模型的参数使模型能够匹配利率曲线工具的市场价格,匹配欧式利率期权的市场价格,进而由模型外推出百慕大式期权的价格,这是利用模型进行的定价与估值。进一步地,利用这个校准的模型,我们可以计算这个百慕大式期权的价格对上述模型校准工具的价格敏感度，这就是所谓风险的分解。

（三）CDS 的概念及应用

CDS 属于信贷衍生产品，它的主要作用是估值和对冲违约风险。中国现在各类债券的发行总量大概是 75 万亿元，占 GDP 的比率逐年上升，现在已经差不多接近 GDP 总量。这隐含着巨大的违约风险。现在国家强调控制金融风险，强监管、去杠杆，已经见到成效，但是债券违约数量和金额还是在逐渐加大，信贷违约事件增多，违约主体涵盖国企和民企。

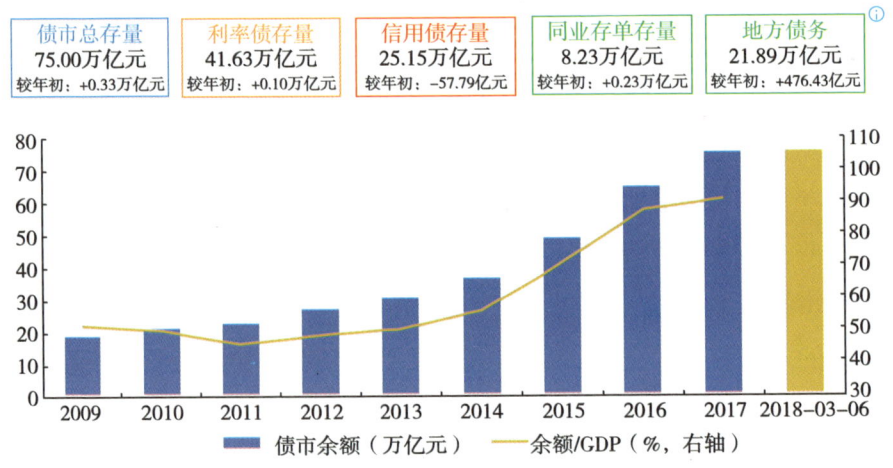

图 1　中国债券市场 10 年历史存量

有没有一种合适的市场工具去定价和对冲债券违约风险？我们知道评估违约风险的第一种方法就是信用评级的方法，但它是一个比较慢的指标，需要三年至五年的周期来进行评级。此外，信用评级本身不是市场工具，不能直接市场定价这个违约风险，也不能成为对冲违约风险的工具。

量化投资的应用 从股票到衍生品——兼谈人工智能和近期美国市场

在欧美市场上，有个比较重要的信贷违约产品CDS。CDS作为一种市场工具，对信用主体一类或单个债项进行定价和违约保护。CDS通常是双方签订一个合约，一方通过购买CDS获取信贷违约保护，在这个保护期间（如说5年期）没有发生违约的话，CDS购买方（受保护的一方）定期给CDS卖方支付利息。如果在此保护期内发生违约的话，那么CDS购买方把违约的债项交割给CDS卖方，CDS卖方支付CDS保护面值。我们看到CDS作为对冲违约风险的市场工具，可以实现违约风险被对冲而不需要债项的物理转移出表。

基于CDS这个市场工具，可以构建丰富的策略。我们知道债项的违约概率随着期限增长而上升，因此CDS的利息（Spread）是一个随着期限上升的曲线，CDS卖方获得相应的期限风险补偿。投资者可以根据对债项长期短期违约风险变化的判断，预估CDS利息随期限的变化，进而建立基于CDS曲线平坦化与陡峭化的投资策略。又如，高质量的信用债本身可能收益率较低，但是如果我们通过分析，判断这种信用债违约风险爆发的可能性不大，可以通过作为CDS卖方来暴露一些违约风险敞口，通过获得CDS利息来提高我们的收益率。

美国金融危机之后，美国监管机构看到了基础资产和衍生品之间规模脱钩所产生的巨大杠杆风险，制定了相应的规则来控制系统性风险。其中的一个变化就是提倡CDS的中央清算，改变CDS买卖双方直接交易清算的模式为交易双方在中央清算公司开立保证金账户，每天根据市场价格的变化调整保证金头寸。CDS在中央清算的占比在逐渐提高，现在大概50%以上是通过这种方式来进行，不再是双方直接做清算。

在中国，CDS的第一代产品CRM，在产品设计上不同于国际通用的ISDA CDS。CRM要求对单一债项进行保护，被保护的债项和与违约时 CDS 交割债项必须是同一个。这种结构简单、穿透，便于监管，但是没有充分考虑到市场参与者的确切需求。事实上，对冲需求者（如银行）希望自己的现货（如发放的贷款，不是标准债券）具有私密性，而信用保护出售者希望高流动性标准债券作为参考和交割债务，二者的需求不统一，交易难以达成。CRM 无法实现对冲需求者的现货违约保护，对冲者（如银行）的风险资本无法释放，无法实现资本缓释功能，背离了设立产品的目的。最近中国市场推出了第二代 CDS 产品，不再是保护单一的债项，而是保护同一个债权主体下可以多个债权，回归了 ISDA CDS 的产品设计标准。新的 CDS 设计使 CDS 更容易对接参与者的买卖需求，便于交易达成，也便于做市商实现风险的对冲，从而提高其做市的意愿，减小做市的风险和成本。

美国市场的展望

（一）美国市场通胀和利率分析

首先我们看美国的市场通胀和利率。美国相对于其他的发达国家来说是一个高通胀、高利率的市场。不仅当前如此，历史上美国的 CPI 相对于西方七国的平均值来说，多数时间也处于高位。什么是驱动美国通胀的主要因素？我们把过去在美国多年的工资和通胀做成了一条曲线，我们可以看到一个非常正向的曲线，就是说，劳动力成本是美国通胀的一个重要的驱动因素。现在美国经济持续好转，2018 年 GDP 增速进一步上行，创了金融危机以来的新高，劳动力接近充分就业，劳动力成本上升，美国的通胀处于明显的上升趋势。

量化投资的应用 从股票到衍生品——兼谈人工智能和近期美国市场

美国现在的隔夜同业拆借利率（联邦基金利率）是 1.5%，到 2018 年底，联储给出的预期是 2.25%，也就是说从现在到年底大概还要加息 3 次。美国联邦公开市场委员会对利率持鹰派看法，预期到 2020 年的隔夜拆兑利率中枢为 3.25% 左右，从现在到 2020 年底大概还有 7 次加息的可能。美联储现在进行量化宽松的逆操作，每月缩表国债和按揭债券 400 亿美元的规模，对长端利率有一个上提作用。基本上可以说美国在可见的将来，利率曲线会呈现向上抬升的趋势。

（二）美元未来走势及对投资的影响

2017 年以来，美元呈现向下的走势，一个原因是 2017 年欧美经济表现良好，而 2007 年经济危机后，许多国际基金抛售了欧元资产，2017 年有一个欧元资产的补仓需求，推动欧元上升。今年上半年，随着欧元区经济势头减弱，补仓动力响应减弱。那么，美元指数的下降趋势会长时间持续下去，还是会掉头返回向上？我们做了一个比较性的研究，发现当前的市场跟 1986—1987 里根在位时的市场非常相像。当时通胀在急速上升，政府不断加息，并且为了提高企业竞争力，政府给企业减负减税，并刻意压低美元，当时资金流入美国，美国股票市场高歌猛进。根据蒙代尔三角理论，在通胀上行、联储加息、美国经常项目和财政双赤字的情况下，急需资金回流美国的情况下，美元指数的下跌是不可能长期持续的。高利率和资本内流会推涨本币的汇率。1986—1987 年的蒙代尔三角作用的结果是美国的资金外流，资金流动性紧张，终于在 1987 年 11 月 19 日引发"黑色星期一"股灾。之后美国政府改变了政策，理顺了蒙代尔三角，即降低利率，同时继续弱化美元来改善经济。

2018 年，美国又是面临着双赤字，又是利率快速上行，股票市场又出现了一些新的波动，美元指数下跌的结果是从外国的美元资金开始撤出美国，造成了美元流动性紧张。这个美元流动性的紧张在2018年4月初表现为LIBOR对OIS息差的快速上行。相应地，美元指数从88低点止跌反弹，快速到达94、95的水平，美元流动性得到改善，LIBOR-OIS息差开始恢复。

通过对美国高利率、强美元对于风险资产收益的影响分析，我们发现，发展中国家新兴市场的股票收益率，在强美元和弱美元的时候存在显著差别。例如，美元下的高风险资产收益率和上证综指的收益率在强美元时期各自都显著弱于弱美元时期。因此，在美元利率上行、美元强势周期下，应当选择合适的资产类别进行投资，顺势而为。我们的结论是，未来要有意识地配置一定的美元资产，至于怎么配置，股票是不是一个合适的选择，利率曲线应该配长端还是短端，是固定还是浮动，这个大家去思考，我今天只是把这个问题抛出来，不做投资建议。

录音整理　刘絮莹

金融科技与区块链技术发展

狄刚，中国人民银行数字货币研究所副所长，科技司原副司局级干部，丝路基金原信息科技总监，教授级高级工程师，国家电子支付与电子商务工程实验室学术委员会委员、全国金融标准委员会委员、中国版权协会软件工作委员会委员、清华大学智能技术国家重点实验室研究员、国家外国专家局金融风险管理国际人才专家等。长期从事金融信息化及科研一线工作，拥有独立软件著作权及多项专利。曾负责"一带一路"投资机构丝路基金信息科技顶层设计及相关基础设施建设，在重要期刊媒体发表过多篇学术论文，牵头编著出版《中国银行业信息化成果二十年》《中国金融业机构名录》等，牵头组织央行荣获国家技术发明一等奖，个人荣获16项省部级科技成果奖，其中特等奖1项、一等奖3项、二等奖9项。在金融科技创新、数字货币和区块链技术等领域具有丰富经验及学术理论水平。

【编者按】

2018年8月10日下午，"金融鹏程大讲堂"第33期顺利举办。中国人民银行数字货币研究所狄刚副所长对金融科技创新、区块链发展变化、区块链应用场景及前景等方面进行了翔实、生动地讲解，并提出了自己的见解与思考，视角开阔，论证深入，令人深受启发。

【核心摘要】

科技与业务的关系，也从最初业务驱动、科技引领，走向业务与科技深度融合。科技与金融融合创新使金融越来越便民、与社会生产结合越来越紧密，如今金融科技的成果更多是金融科技和改革开放双轮驱动的成果。

所谓的去中心化是技术上的去中心化，而不是管理上的去中心化。区块链并不是完全的去中心化，物理上的分布与逻辑上的统一并不矛盾。

金融鹏程 大讲堂（第二辑）

金融科技发展演变

（一）中国银行业的发展变化

金融科技实际上不是一个新概念，我国金融系统尤其是银行业对科技应用并不陌生。早在20世纪80年代初期，计算机就已经应用到金融行业，从最开始的电子化账簿到90年代的数据库应用、客户端服务器架构等，这些都是科技在银行业中的实际应用，这个阶段叫信息化时代。而互联网的出现，解决了跨主体、跨单位的联网处理业务需求，银行业发展进入了网络化时代。简单回顾来看，银行业的发展经历了电子化、信息化、网络化、移动化，现正向智慧化阶段迈进。

从20世纪50年代开始，人民银行从苏联引入电磁式分析计算机系统，用于全国联行对账表处理，开始了艰辛的电子化工程。1985 年，中国银行率先在广东推出了第一张信用卡；1989 年，央行开始组建金融卫星网；当时同一个银行在同一个城市的不同网点无法实现通存通兑，这是一个非常典型的情况，现在看起来是一个笑话了。所以在 1990 年，工商银行在上海分行实现了同城活期通存通兑，是一个非常有影响的事件，后来四大行都开始轰轰烈烈搞全省汇兑系统，实现通存通兑是满足金融便民的突出需求；"金卡工程"、"314 工程"以及银联的成立，银行卡联网通用使银行卡业务跨行联合和设备资源共享终于实现；四大行数据大集中从工商银行 1999 年"9991 工程"启动到中国银行"蓝图工程"结束，历经了十年左右时间，培养了银行科技一代人。央行征信、账户、大小额支付系统、金融市场关键基础设施不断完善，使我国金融基础服务能力大幅增强， 2015 年前后，四大行开始全面拥抱互联网，国家及监管部门在新的发展规划里面提出了发展金融科技产业的指导意见，金融科技发展进入新时代，银行业历经了几十年的漫长发展与积累，经历了从分散到集中，实现以账户为中心，到以客户为中心，以及到服务为中心的跨越式转变。

  过去说到金融科技，一般认为是在金融系统里面搞科技的从业人员，或者说为金融机构做技术服务的科技公司，所以实际上是一个不太受社会关注的边缘群体。在金融机构、金融系统里面科技部门当时也不是主流部门，基本定位是支持保障服务的后台部门。现在大家逐渐认识到它是一个银行价值的主要组成部分，同时金融科技从业主体也逐步由后台走向前台，大家也越来越关注与聚焦。科技与业务的关系，从最初业务驱动、科技引领，走向业务与科技深度融合。科技与金融融合创新使金融越来越便民、越来越与社会生产结合紧密，如今的金融科技的成果更多的是金融科技和改革开放双轮驱动的成果。

(二) 认识金融科技

2016年3月,FSB首次发布金融科技报告,对金融科技进行了定义,即技术带来的金融创新,产生新的业务模式、应用、流程、产品,对金融市场、金融机构及金融服务的提供方式带来重大影响。金融科技有三个特征,分别是技术驱动金融创新的快速迭代、金融科技参与主体多元化、金融科技企业及服务对象规模化。2017年5月15日,中国人民银行成立金融科技委员会,旨在加强金融科技工作的研究规划和统筹协调;2017年5月25日,央行中国支付清算协会成立了金融科技专业委员会,下设区块链支付应用、数字货币、金融大数据运用三个专项研究组,目前来自商业银行、支付机构、特许清算组织、互联网企业等机构的151家成员单位参与其中,助力行业形成有价值、高质量的金融科技成果;2017年5月27日,央行数字货币研究所开始运作。

(三) 传统银行业的痛点

目前我国传统银行的痛点很大,第一个是成本方面,包括网点运营成本、人员成本、交易成本和获客成本等;第二个是缺乏效率,服务效率低下;第三个是用户体验,不如互联网公司的产品体验好;第四个是缺乏有效风控手段,操作风险较高。

(四) 银行业科技转型的挑战与机遇

第一是利率市场化带来的竞争压力,存款利率、贷款利率要根据成本测算盈利空间,定价难度大;第二是同质化竞争问题,要结合自身的优势通过技术手段差异竞争;第三是运营成本问题,通过自动化手段和多种技术运用,将网点的运营成本降下来;第四是服务对象的转移,当前客户人群逐步年轻化,对银行服务体验与传统方式不同,需要向以互联网消费为基础的主要对象进行迁移,可能需要逼迫金融系统作出一个比较大的调整。

金融科技的本质技术是因、创新是果,不是一个简单的物理叠加,而是化学反应,要利用金融科技实现产品的创新、服务的创新。

(五)金融科技供需两侧分析

从供给侧来看,目前金融科技生态环境逐步形成,现代技术在快速进步迭代,具体体现在人工智能技术发展提升了金融机构的服务能力、移动金融技术变革扩展了金融服务的覆盖范围、云计算进一步降低了金融机构的服务成本与准入门槛、区块链技术创新实现了金融业务流程优化及监管的可穿透、金融科技基础设施的完善与成熟营造了良好的生态环境等方面。

从需求侧来看,数字经济时代已经到来,具体体现在数字经济时代提质增效的需求、共享经济时代金融普惠的需求、体验经济时代消费升级的需求、绿色经济时代产业转型的需求、开放经济时代全面竞争的需求等。

(六)观念转变是关键

从供需两侧分析,发展金融科技是大势所趋,面临这些挑战,金融机构要转变观念。第一是高层领导和一线员工的观念转变,很多商业银行转型过程中口头说得很好,但是绩效考核与内部机制没有跟着变,因此无论是领导层还是基层员工都要转变观念;第二是防控风险,金融科技带来的金融专业性和复杂性没有发生变化,不仅如此,金融加科技以后扩散性更广、摩擦系数低、隐蔽性强,系统带来的风险也比较大；第三是加强协作，金融科技时代合作大于竞争，传统银行机构和互联网公司逐步建立合作，但对外合作过程中要注重培养自身核心能力，对外部力量做到依靠但不依赖。

（七）金融科技时代的变化和展望

过去的信息化主要是单主体的信息化，目前已进入多主体信息化时代。多主体协同生态有两类，一类是垄断、层级、强权型企业打造的生态；另一类是平权、对等、互补型企业构成的模式。区块链在共享生态里面的作用逐步发挥出来，整体效率大大提高。

在国际经验借鉴方面，英国在金融方面做了很多努力，包括提供金融科技服务能力促进银行开放、公平竞争，降低合规成本，加大人才和资金支持，推动金融科技公司进入市场，努力为金融科技行业提供发展机遇；欧盟在这些方面也做了很多努力，不断完善监管制度、监管框架以匹配现有技术。

区块链现状与内涵

区块链技术的三大支柱为密码学、分布式系统、对等网络，其中最重要的是密码学。20 世纪 70 年代之前，密码学主要用于军方，70 年代之后美国公开向社会征集对于不保密敏感信息密码算法，Diffie 与 Helman 提出的非对称密钥思路非常重要，给密码学奠定了良好的基础。

（一）什么是区块链？

区块链是比特币的底层技术，一个分布式数据库账本，记载所有的交易记录。举例来说，在一个40人以上的微信群里组局聚餐，如何统计人数？一种方式是大家纷纷发言，有人来统计；另一种方式是大家接龙，每个人在上一个人的发言后面累加一个号并加上自己的名字，最后就能记录全部的报名人员和人数，这就是分布式记账，不可篡改，难以抵赖。

表1　　　　　　　　　　区块链概念示例

微信组局	在区块链里的概念
接龙发帖	链式数据结构
规则：每人发帖＝上一个帖子内容＋下一个编号＋自己名字	共识机制，根据严格的规则和公开的协议形成
规则定下来后，大家自发登记	去中心化，没有任何单一用户能够控制它
在微信群里记录登记情况	点对点对等网络
只要联网就能得到最新进展	博弈机制
为了形成40个人的报名记录，至少要有40人发40篇帖子才够，群友手机里都存档	分布式（多点备份）、高冗余
每篇帖子大家都能看得见，更新的记录是否数字错了、人重复了，每个人都可以检查	共享账簿
群里的人大都认识，各有各的名字/代号	通过非对称加密技术保证陌生人可信

（二）比特币的技术原理

区块链技术来源比特币，大家要了解下什么叫作"挖矿"，挖矿实际上运用到一个知识点就是成本函数，逻辑是多个信息通过这个函数输出一个固定值，这个是不能重复碰撞的，如果改一个标点符号就是不一样的。

为什么说比特币不是货币，可从货币的三个层次分析。很多资产可以作为价值储藏手段，但是不会作为交易媒介；只有多人共识一种资产作为储藏手段时，才可以作为交换媒介；在多人之间作为交换媒介时，才能当成价值尺度。比特币不是货币，它的波动性很值钱,虽然大家公认它很值钱,但是它毕竟是虚拟资产,不能做交换媒介,没有受理网点。

什么是电子货币、虚拟货币、数字货币?

电子货币,一般是指以电子化形式存放于银行账户或第三方支付账户的资金。通过银行卡、网上银行、手机银行或微信、支付宝等方式支付的货币,都属于电子货币的范畴。

自20世纪80年代以来,信息与网络技术的发展推动了人类生产方式与交换方式的变革。特别是随着网络社区的兴起,用于社区内各种虚拟商品交易的虚拟货币应运而生,如网络社区积分,网络游戏币、门户或社交网站发行的各类"货币"(如Q币),即中心化虚拟货币。2009年诞生的比特币,以及随后出现的莱特币、以太币、瑞波币等则是另一种类型的虚拟货币,即去中心化虚拟货币,这类虚拟货币采用加密技术,也称加密货币。

数字货币是指价值的数字表达,包括以法定货币标注其面值的电子货币,和以自己的记账单位标注其面值的虚拟货币,以及未来央行发行的法定数字货币。随着比特币等加密货币的崛起,如今数字货币很多场合被指为虚拟加密货币,即建立在区块链等技术基础之上的数字资产或交换价值。

总体而言,区块链是一种共享账本技术。区块链技术多方共同维护一个不断增长的分布式数据记录,这些数据通过密码学技术保护内容和时序,使任何一方难以篡改、抵赖、造假。

(三)区块链的分类

区块链分为公有链、联盟链、私有链三种。公有链是指全世界任何人都可读取的、任何人都能发送交易且交易能获得有效确认的、任何人都能参与其中共识过程的区块链。联盟链是由若干机构联合发起的区块链，介于公有链和私有链之间。其共识过程受到预选节点控制，具有部分去中心化的特性。私有链是指其写入权限仅在一个组织手里的区块链，读取权限或者对外开放，或者被任意程度地进行了限制。

区块链的应用场景

如果说公路铁路是基础设施1.0版本，互联网信息是基础设施2.0版本，那么区块链就是基础设施3.0版本。区块链技术和互联网金融、供应链金融是非常契合的，供应链金融最大的痛点是在末端企业，业务链条太长，信任难以穿透进去，而这个用区块链就可以直接打通。在ＫＹＣ方面也有应用空间，例如，在银行客户体验方面，解决了客户去银行重复填单的烦恼，不用每一样业务都要填固定的资料，通过取得私钥和银行授权就可以实现信息读取。此外，在身份识别、电子发票报销、电子合同、市场化交易、食品溯源、房屋租赁系统、医疗系统等方面，都可以通过信息上链，通过区块链解决。

以微众银行的微粒贷为例，民营银行只有资产端没有负债端，没有网点，商业银行合作，经常互相不信任，而区块链平台正好解决对账、头寸同步、信息实时共享等问题。

最新行业发展动态

2017年11月2日，美国能源部着手研究区块链技术＋电网应用。美国能源部研究室已经透露，正在探索区块链技术在管理电网方面的应用。太平洋西北国家实验室的经理卡尔·伊姆霍夫上周在美国参议院能源与自然资源委员会上发表了这样的一份声明："这项技术有潜力促进以点对点方式交换能量的新潮流。"

2018年1月15日，上海票据交易所数字票据交易平台实验性系统成功上线试运行。上海票据交易所会同中国人民银行数字货币研究所，组织中钞信用卡公司、工商银行、中国银行、浦发银行和杭州银行共同开展建设的基于区块链技术的数字票据交易平台实验性系统成功上线试运行，顺利完成基于区块链技术的数字票据签发、承兑、贴现和转贴现业务，这是区块链应用于金融市场基础设施的一项重要举措。

2018年2月24日，诺基亚推出基于区块链技术的物联网服务，助力"智慧城市"经济。诺基亚推出的环境感知服务（S2aaS）通过与物联网连接的传感器收集环境数据，并为政府和其他部门提供智能分析服务。S2aaS由一个内置有小额支付平台的区块链驱动，支持智能合约，可进行"匿名的、私人的、安全的微交易，允许运营商将分析数据变现,产生新的收入流"。

对于区块链的思考

在全世界范围来看,美国、欧盟对区块链都是非常重视的,我们国家也是一样。在全球区块链和数字货币研究方面,央行数研所一直处于领跑地位,截至去年在专利申请数量全球领先。

现阶段区块链还是有很多问题,主要是隐私保护。同时,假设前提也很重要,包括治理安全、自主身份认证安全问题,开发者生态的问题,以及跨链的问题。随着分布式账本技术被应用于越来越广泛的场景,产生了各种各样的改进需求。性能和隐私一直是分布式账本大规模广泛应用的主要障碍,因此,业内对此研究也最为充分。共识算法决定了单链的处理能力,确定延迟等关键性指标。这方面的研究,公有链是从改进中本聪共识入手,研究成果有 DAG(Iota,Byteball)、GHOST、POS 和 DPOS 等。联盟链则从传统分布式一致性算法中汲取灵感。不过目前这方面的研究有开始融合的趋势,即在常态下用中本聪共识,保证处理的效率和活性,遇到异常情况则退回到分布式一致性算法,保证安全性。这方面的典型算法比如 Thunderella、Casper 等。分布式账本中还有一类特殊的设计,比如 Corda,系统中并不存在全局性的共识,即没有全局性的账本状态,只在交易相关方间保留局部性的一致性。

需要指出的是,随着技术的发展,比特币中的区块和链式结构在各种新项目中已经被消解,很多设计中已经没有区块和链式结构了。因此,分布式账本技术比区块链更能准确描述这一类技术的典型特征。

除了通过共识算法提高性能，还有其他工程手段以提高分布式账本的吞吐量，比如分层和分片。分层即将大额低频交易保留在主链，而在主链之上再设一层，处理高频交易，这方面的代表方案有比特币的闪电网络和以太坊的雷电网络。闪电或雷电网络还可以同时提升交易的处理延迟，做到准实时。当然分层方案有自己的 trade off：更加中心化，系统依赖于一些中心化的交易处理商。分片通过多条链来提高整个系统的吞吐量，其 trade off 则是牺牲了一些链与链之间数据的关联性，如果一个交易涉及多个链的数据或逻辑，其处理速度会大幅下降，因此如何确定交易的分片，分片后，不同子链的跨链设计就非常重要。除了同一个账本或系统的跨链外，不同公有链间也有非常强烈的跨链需求，目前主要有两个项目在致力于这个目标：Palkadot 和 Cosmos。相信现在的采用跨链技术的联盟链方案将来会从这两个项目中受益良多。

分布式账本获得广泛应用还需要另外一个前提：隐私方案的完善。目前这方面涉及的密码学理论有：环签名、零知识证明、同态加密、多方可信计算等。应用了隐私方案的项目有：Zcash、门罗币、JP 摩根的 Quorum 等。

除了这几个主要矛盾外，分布式账本技术领域还有很多其他很有意思的研究，比如，形式化验证，可以用来保证智能合约及一些关键算法的安全。智能合约方向目前的发展趋势是支持任意语言编写智能合约，比如，以太坊的 Ewasm 项目及 Fabric、EOS 等，虽然目前还支持不多的几种语言，但这是一个重要的趋势，相信在不久的将来，智能合约开发的工具链会越来越完善。分布式账本的治理非常重要，从公有链协议的升级变更到许可链记账节点和监管节点的制度设计，以及智能合约的更新和争议仲裁等，都需要完善的治理机制。治理不只是一个技术问题，需要更多技术人员之外的研究力量的投入。

  此外,正确理解去中心化,所谓的去中心化是技术上的去中心化,而不是管理上的去中心化。区块链并不是完全的去中心化,物理上的分布与逻辑上的统一并不矛盾,现在特别倡导去中心化的实际上是想变成新的中心,区块链虽是分布式处理,但任何一个主体技术架构最后还是要找到统一逻辑管理中心,要有管理的分布才能有运行责任主体,出现危机时才有充分的兜底,并向社会担当与负责。

录音整理 张进

中国金融体系的制度基础

熊伟，1993年获中国科技大学近代物理系学士学位，1995年获美国哥伦比亚大学物理系硕士学位，2001年获美国杜克大学商学院金融学博士学位。

现任香港中文大学（深圳）经管学院学术院长、深圳高等金融研究院院长、普林斯顿大学金融学讲席教授与经济学正教授、兼任美国金融学会旗帜期刊 Journal of Finance 联合主编、美国国家经济研究局研究员，香港金融研究中心海外顾问。

主要研究领域为资本市场及行为金融等方面，在 American Economic Review、Quarterly Journal of Economics、Journal of Political Economy、Review of Economic Studies、Journal of Finance 等国际顶级期刊发表多篇论文，研究主题主要涵盖投机性资产泡沫、异质性信念的资产定价、资本市场传染、非标准投资者偏好、企业展期风险及融资摩擦等。目前研究兴趣主要集中于中国金融市场、金融危机中的信念扭曲等相关研究。

荣获2012年Smith Breeden Award论文奖、2013年NASDAQ-OMX Award最佳资产定价论文奖、2014年孙冶方金融创新奖、2018年中国经济学奖。

中国金融体系的制度基础

【编者按】

2018年8月29日下午,由中国人民银行深圳市中心支行、深圳经济特区金融学会联手精心打造的"金融鹏程大讲堂"迎来第34期。香港中文大学(深圳)经管学院学术院长、深圳高等金融研究院院长、普林斯顿大学教授熊伟作了题为《中国金融体系的制度基础》的专题讲座。熊伟教授从中国金融体系与西方体系的比较入手,总结了中国金融体系的特殊性,并为此特殊性构建了理论框架。

【核心摘要】

中国的金融体系相对于西方来说有其特殊性,这种特殊性体现在政府对金融体系有重要的影响。目前中国并未建立较完善的金融体系理论框架,而是借用西方的理论框架,但西方的宏观经济理论框架并没有将政府的影响力纳入其中,这与中国金融体系现状不相符。

基于现有的西方宏观金融模型,理论框架将政府机制纳入模型中,并考量了"政府锦标赛"激励机制,因为这个激励机制为地方政府借债提供了动因。目前被广泛讨论的杠杆和房价问题与这个激励机制有重要联系。

政府对股票市场进行干预,这在一定程度上有利于金融稳定,但也有将市场上注意力过多地从基本面转移到政策层面,导致价格有效性降低的可能性。在模型中引入"市场噪声",政府干预在一定程度上降低了市场噪声,但因为政府对市场情况的掌握有其限度,难免会带来由政府干预引起的噪声。如何把握政府干预市场的程度,是一个需要权衡的问题。

金融鹏程大讲堂（第二辑）

今天非常高兴来到大讲堂和大家进行交流。

学术讨论需要一个框架，但对于现阶段中国金融系统的探讨，很多时候缺少一个框架。现在高校惯用美国的框架，因为它比较成熟，用起来也比较顺手，但不一定对中国适用。我们是否可以对西方经济学、金融学里积累了几十年的理论框架做一些调整，把中国的一些重要元素放进去，从而对中国问题做一个相对系统的分析？这是我的初衷。

在中国的金融体系中存在一个特有的结构，中国政府在经济里占有重要的位置、发挥重要的作用，如果我们要建立一个完整的框架，如何将政府放进这个框架就成了一个问题。因为除了央行主导的货币政策之外，政府在西方金融体系框架里的作用微小，但在中国，政府的作用很大。中国现存的一些问题，比如，杠杆过高、房地产价格飞涨，其实跟地方政府有很大联系。我最近正尝试将政府的作用放到宏观经济的框架里。

另外，在中国的金融市场上，监管和市场的关系复杂，这与其他国家两者的关系不太一样。对于如何处理市场稳定和市场投机的关系，我在最后一部分会谈谈自己的理解。

中国金融体系的特殊性[①]

近年来对于中国金融稳定的担忧越来越强烈，这些担忧里最重要的两点，一是杠杆率攀升，二是房价上涨。

---

① Zheng（Michael）Song and Wei Xiong, Risks in China's Financial System, *Annual Review of Financial Economics*，2018. 10:21.121.26.

我先谈一下杠杆率这个问题，它在我稍后会谈到的理论框架里占有重要位置。2008年之前中国债务大概是GDP的120%，相对稳定，2008—2011年上涨迅速，因为这是"4万亿期间"。"4万亿期间"之后这个比例继续上涨，在近期涨到200%以上。杠杆率上升的一个重要原因是影子银行体系，因为这个体系难以被系统地统计，我们就以理财产品的大致规模作为例子。全国理财产品量从2007年接近于零，到2015年占GDP的大概1/3，增长较快，这与美国2006年的时候有很多相似的地方。

在海外，对杠杆的研究主要源于对违约、信用风险的担忧，因为金融公司的生存问题和信用风险是相关的。在西方经济学里有一整套对信用风险的评估体系，里面牵涉许多机制。从借款人的角度，旧的贷款到期了，通常的做法是借新债还旧债，因而有滚动风险。一般说来，金融危机是由滚动风险引起的，因为借款人借不到新债，所以旧债会违约。但滚动风险的出现背后存在着各式扭曲和外部性，比如，雷曼兄弟事件发生的时候，每晚它有25%的债务在滚动，因此金融机构的协调问题就出现了。个体借款人在决定是否继续给雷曼借款的时候，考虑的因素不只是雷曼将来是否还款，还需考虑其他借款人是否也借钱给雷曼，如果其他借款人不借，雷曼就倒了，这就是挤兑风险。在一个完全市场化的环境下，这种信用风险是由很多不同参与人之间的互动决定的，一旦失调，债务危机就会发生。

但西方的市场机制在中国并不一定适用，因为中国有特殊的机制环境，中国有双轨制，私有企业和国有企业之间存在复杂的关系。中国的金融体系是有一整套框架的，它有自己的制度选择。在这样的制度环境下，金融风险的含义是不同的。雷曼兄弟最后倒闭是因为挤兑风险，如果这时候有一个政府出来协调的话，就会有不同的结果。

金融鹏程 大讲堂（第二辑）

西方银行业也是基于这个体系。存款保险是海外金融的核心，它存在的原因就是挤兑风险。银行业要借短存长，存款是短期的，贷款是长期的，这就会导致期限不匹配，从而引发挤兑风险。虽然银行提高资产准备金可以帮助缓解挤兑风险，但最终无法彻底解决这个问题，因此才需要政府提供存款保险。

美国这种市场下的挤兑风险并不完全是负面的，对于一些经营不善的银行，这是一个自动的市场选择过程。如果一些银行在有政府存款保险的保护下，还是出现问题，市场就要把这些银行清理出去。美国在几十年或者几百年之间，经历了多轮危机，这是它们的制度选择。在这个制度下，债务危机会定期出现。但在中国的制度环境下，西方式的债务危机不会发生，因为如果这样的事件发生，中央政府会进行干预，而不会像美联储作出让雷曼倒闭的选择。大量债务是从国有银行贷给国有公司或者地方政府，以及其他和地方政府相关的平台。在这么一个环境下，债务危机不是真正的风险点。

房地产问题和杠杆问题性质相似。在美国，房地产问题和债务、资产证券化、一系列金融产品的推出导致的投机，以及对风险控制的失调有很大关系。它的机制和中国现在房地产的问题很不一样。中国的房地产作为地方政府主要的资金来源，与政府的政策有直接关系。所以衡量中国的房价是否过高，不能用美国的框架来类比。

宏观经济框架下的中国政府[①]

标准的西方经济学框架是建立在个人选择、风险偏好、公司生产力增长等基础上的，政府不在这个框架之内。我想把中国的政府体系放到这个经济框架里，因为政府在中国经济里占据很重要的位置。

中国政府是一个庞大的体系，是一个多层机构。中央政府制定总的政策，地方政府执行。地方政府占有70%的财政支出，在财政上也有很大的独立性，但这个系统里存在一个"地方政府锦标赛"，它指的是虽然地方政府有很大的财政自主，但需要中央统一评估他们的表现，因此他们有很大的发展动力。

在海外市场经济环境下，这个锦标赛也普遍存在，比如上市公司内部就存在许多锦标赛，与中国不同的是，这些锦标赛不在政府机构。中国的锦标赛机制与公司经理人通过股票等方式激励的机制非常相似。这个激励机制在促进地方政府推动基础建设的同时，也会带来短期效应。在上市公司，激励机制为公司经理人提供财务造

---

① Wei Xiong, The Mandarin Model of Growth, Aug. 2018, Working Paper, http://wxiong.mycpanel.princeton.edu/.

假的动力,这就会导致短期效应。短期效应是激励机制不可分割的一部分,所以在设计框架的时候,它也会被考虑进去。

政府中存在一个现象,地方年审的 GDP 加起来比全国 GDP 高,这与上市公司中出现的问题很相似。从债务角度来看,因为存在针对地方官员的激励机制,借债具有诱惑力,就会产生短期效应。如果还存在影子银行体系,这个短期效应就更明显。当我们把地方官员的激励机制和地方政府在经济上的作用考虑进来,就会发现一系列效应,这些效应具有两面性。我希望引进一个框架来更好地解释这些现象。

我将哈佛大学教授 Barro 在 1990 年的一个框架做了拓展:

$$Y_{it} = A_{it} K_{it}^{\alpha_i} L_{it}^{1-\alpha_i} G_{it}^{1-\alpha_i}$$

这个框架的基础是小的开放式经济,这个假设其实很不贴切,因为中国的资本市场不一定是开放的,但为了方便,我们就用了这个小的开放式经济的假设。假设这个经济下面有三十个省,每个省有一个自己的区域经济,每个区域的产出是 Y_{it},i 代表某个省,t 代表每个五年计划的其中一个阶段,A 是每个区域的生产力,是给定的,K 是每个地方的资本,L 是劳动力,G 是由地方政府提供的基础设施。主流的宏观模型里面是没有 G 的,我们把 G 放进来,它代表地方政府影响经济的主要通道。

地方政府将一部分税收用于基础建设,一部分税收用于政府内消费。基础建设的资金来源有三个部分,它们是预算内支出、地方政府卖地收入、市场融资。市场融资指的是通过银行、债券市场、理财产品等等影子系统进行的融资,在一些年份里,这部分资金来源甚至比另外两个来源更重要。债务与政府的投资和基础建设息息相关。

谈到宏观经济,我们就需要引入代际(见以下公式)。假设每个家庭存在年轻的和已退休的两代人,年轻人获得工资,工资一部分被消费,另外一部分被存下来,等退休的时候再消费,而退休的这代人正在用以前的存款消费。每一代人有独特的消费偏好。公式里的 L 是他们的劳动力的支出。假设每个区域的劳动力总数是固定的,这些人只要在年轻的时候都必须工作,工资由他们的边界生产力决定。税后总的收入用作消费和存款。

在 t 时期出生的个人有相似的消费趋向:

$$\ln(C_{it}^t) + \beta \ln(C_{it+1}^t)$$

家庭预算限制:

$$C_{it}^t + S_{it}^t \leq (1-\tau)\Phi_{it}L_{it}$$

消费和储蓄选择:

$$C_{it}^t = \frac{1}{1+\beta}(1-\tau)\Phi_{it}L_{it}$$

$$S_{it}^t = \frac{\beta}{1+\beta}(1-\tau)\Phi_{it}L_{it}$$

另外一个很重要的部分就是公司(见以下公式),假设每个区域里有一个代表性的公司,A 是生产力、K 是资本、L 是劳动力,还有政府提供的 G,用在基础建设设施上面,公司若要雇佣劳动力,就要付工资,公司还要租用资本 K,我们假设租用资本的成本是 R。每个区域的资本、产出是由它的区域直接决定的,它的产出和 G 成正比,因为 G 直接推动这个地方上的产出。当然,A 这个生产力还在,这个都是大家不可忽视的,不同的地方生产力高低也有差别。但是这里生产力分为两部分,一部分是地方上的生产力,另一部分是地方政府提供的基础设施,这两部分直接决定了每个地方的产出。

$$\max_{\{K_{it}, L_{it}\}} A_{it} K_{it}^{\alpha_i} L_{it}^{1-\alpha_i} G_{it}^{1-\alpha_i} - \Phi_{it} L_{it} - RK_{it}$$

由于 G 对产出有重要推动作用,如何激励地方政府来做基础建设就成了一个问题。假设地方政府每一期都有新的地方长官,他每年处理的是预算（Budget），Y是当期的税收（见以下公式），加上之前的基础设施，它可以用来建更多的基础设施，就是下一期的G，他也可以拿出一部分来作为政府系统内的消费。假设地方长官关注的只是当期政府体系的消费、将来所有消费的总和以及将来的福利，下一期基础建设的多少就可以被推算出，这就是β这个比例，它跟政府的动态β有关系，如果β值大，更大一部分资金会被用作下一期的基础设施建设。但重要的是，建多少基础设施由两部分决定，一部分是地方政府的预算大小，另一部分是地方政府的关注点，如果假设政府只关注政府体系之内的消费，而不关心民众的话，就会得出一个规模来。

最优基础设施投资：

$$G_{it+1} = \beta[\tau Y_{it} + (1-\delta_G)\ G_{it}]$$

假设有一个中央社会规划者，它不但关注地方政府消费，还关注民众的消费，我们就可以算出一个社会最优投资规模（见以下公式），它考虑的是整个社会的预算。所以中央政府的投资比没有激励机制的地方政府要高，如果每个激励机制，地方政府只关心政府本身的待遇，而不关心民众，就会产生一个外部性，这个外部性导致了投资不足。投资是需要激励的。

中央社会规划者选择$\{G_{it+1}, C_{it}^{t}, C_{it}^{t-1}, E_{it}^{G}\}$来最大化社会福利：

$$V(W_{it}^{planner}) = \max E_t[\ln(C_{it}^{t}) + \ln(C_{it}^{t-1}) + \gamma \ln E_{it}^{G} + \beta V(W_{it+1}^{planner})]$$

我快速介绍一下技术性方面。我们可以想像生产力有三个不同部分，A是最大的地方的生产力，这是一个指数函数，里面有三部分，一部分是f，代表整个宏观经济，跟地方经济没有关系。还有一部分是∂，是书记或者省长个人的能力，如果地方长官能力强，地方上的生产力也就越强。ε指的是非人力可控因素。从激励机制的角度，中央政府定期评价地方长官的能力，就有一个调查（Learning）的过程，它通过观察各地的产出来判断地方长官的能力，中央政府有一整套体系来分析这个能力。产出是一个重要信号，比如 GDP 就是一个很重要的评估标准，它和 G 每四届成正比。中央政府对每个地方长官的评估是 ∂_{it}，它和本地方的产出直接有关系，地方产出越高，地方长官的能力也越强，但它和其他地区的产出也有关系，如果其他省做得更好的话，这个地方长官的能力相对来说就不那么突出了。

地区生产力衡量公式：

$$A_{it} = e^{f_t + \partial_{it} + \varepsilon_{it}}$$

中央政府调查（Learning）：

$$\hat{\partial}_{it} = E[\partial_{it} | \{Y_{it}\}_{i=1,\cdots,M}]$$

其中

$$\ln(Y_{it}) = \frac{1}{1-\alpha_i}(f_t + \partial_{it} + \varepsilon_{it}) + \frac{\alpha_i}{1-\alpha_i}\ln(\frac{\partial_i}{R}) + \ln(G_{it})$$

因为有了这么一个锦标赛，每个地方的激励机制就变了，它不仅要关注政府内部的福利，还要关注自身的业绩考核，地方的基础建设量就增加了，在公式上大家可以看到，以前只有 β，现在多了地方长官的评估压力（见以下公式）。

$$V(W_{it}) = \max_{G_{it+1}} E_t[\gamma \ln(W_{it} - G_{it+1}) + \chi_i(\hat{\partial}_{it+1} - \overline{\partial}_i) + \beta V(W_{it+1})]$$

$\chi_i(\hat{\partial}_{it+1} - \overline{\partial}_i)$ 部分为地方长官的评估压力。

我也提一下各种短期效应。假设中央的评估只依赖地方上报，地方就会有虚报的冲动。如果多报，评估的时候看起来会好一点，但同时也要多转税收给中央。

杠杆率也是短期效应的一部分。在框架里我们可以把杠杆放进来（见以下公式），在框架里我们假设每一期地方政府还是选择 G 和 E，但它们的决策范围不只是 W，因为可以借一部分 D 来扩张预算（Budget），如果能借 D 的话，G 就会成倍上涨。一旦有了激励机制，推动当期业绩的激励和之前我提到的地方长官的锦标赛有直接关系，这项越大，借债的冲动也越大，下期还债的压力也随之增大，下一期的还债压力跟这期的激励冲动最终决定了拥债多少。

$$G_{it+1} + E_{it}^G = W_{it} + D_{it}$$

我们这里推导的借债程度是否过高，需要一个参照物。如果地方的发展本来就很快，但只是资金不足，在这个情况下，借债是有帮助的，问题只是在于这个标尺在哪儿。

还有一个不同地方的竞争关系问题，对某个地方长官的评估，不只是与他直接管理地区的产出有关系，也跟其他竞争者有关系。一个地方长官在制定投资计划的时候还要考虑与之匹配的地方，而刚好这个匹配的地方也投得多，就会产生一种交叉压力，导致大家都多投，最后交叉反馈越投越多。

总的来说，这个框架是一个增长模型，在其中增加了中国特有的政府体系。在这个系统下，激励机制一方面推动了地方的经济建设，另一方面它会导致短期效应，这反映在数据虚报和地方政府过度投资上面。

政府对股票市场的干预[1]

现在我们来谈谈政府和市场的互动问题。中国金融系统下的政府干预比较频繁，有针对银行的，也有针对股票市场的。我们就以政府对股票市场的干预为例。

---

[1] Markus Brunnermeier, Michael Sockin, and Wei Xiong, China's Model of Managing the Financial System, Sep. 2018, Working Paper, http://wxiong.mycpanel.princeton.edu/.

中国的股票市场比较新,政府需要通过市场干预来保护投资人、保持市场稳定和降低价格的波动。那么政府在进行干预的时候,对市场的动态(Dynamics)有什么影响?市场参与者会如何对这些干预进行反应?更基本的问题是,政府在干预的时候,目标函数应该是什么?

主要有两个目标,一是直接降低市场波动、维护市场稳定;二是改善市场的信息有效性。在一个相对市场化的环境下,价格应该反映市场的基本面,因为价格会最终指导金融系统的投资。

$$D_t = v_t + \sigma_D \varepsilon_t^D, \varepsilon_t^D \sim N(0,1)$$

这个模型是一个相对理想的框架,基本面可以直接被观察到,信息的有效性问题是不存在的。在这个环境下有很多不成熟的散户,需要政府干预来稳定市场。在这个环境中再加入一些信息扭曲、信息摩擦,基本面就无法被看到,这就会牵涉一个问题,市场参与人在做一些主动的信息摄取的时候,是选择研究市场的基本面还是研究政府的干预和政府的政策?政府干预可以稳定市场、降低市场波动,但有时候会把参与人的关注点从基本面调动到政府的政策。因此,尽管市场波动是降下来了,但价格的有效性也变差了。降低价格波动和提高金融市场价格的信息有效性这两个目标在有些情况下是会偏离甚至是相背离的。在这个环境下做政策选择的时候,要考量如何保持这两个目标一致。

假设有一个股票,在模型里称为风险资产,它每期支付分红(Dividends),v是它的基本面,这个基本面每期在变,假设这个基本面v能被直接观察到,没有信息上的摩擦。市场上有一些噪声交易员,每一期产生噪声交易,他们的交易量N_t跟基本面、价格都没有关系,每期相对上期是个随机过程。除此之外还有一些理性投资人,他们很了解市场环境,但他们都是短期投资人,只关注下一期的回报,而不关注更长期的基本面。尽管他们理性,但因为只关注一期,市场上就会出现不稳定性。如果市场噪声交易员很多,下一期波动性就会很大,投资人尽管知道这期价格已经低了,也不会买入,因为下期可能更低。这会导致很大的不稳定性,而且噪声交易员造成的波动直接对应着市场风险。如果一个市场只有噪声交易员和短期理性的投资人,它是很不稳定的,这时政府干预就有必要,这些政府干预包括政府直接购买股票以稳定噪声交易员带来的不稳定因素。

$$N_t = \rho_N N_{t-1} + \sigma_N \varepsilon_t^N, \varepsilon_t^N \sim N(0,1)$$

假设政府的直接目的是抵销一部分噪声交易员的仓位,公式中N_t是噪声交易员的交易,政府在组织交易的时候,可能不了解市场的完整情况,对市场的判断不一定完全正确,所以可能会带来新的噪声,公式里G是政府干预带来的不可控噪声,它的量和参与程度直接相关。如果政府干预很大,虽说把噪声交易那部分压下去了,但还带来其他噪声,这是一个权衡问题,政府干预的程度和政府的目标有关。

$$X_t^G = \psi_{N,t} N_t + \sqrt{\mathrm{Var}[\psi_{N,t}|F_{t-1}]} G_t, G_t \sim N(0, \sigma_G^2)$$

1. $\psi_{N,t} N_t$为有目的性干预

2. $\sqrt{\mathrm{Var}[\psi_{N,t}|F_{t-1}]} G_t$为非目的性干预

另一个目标是市场的价格有效性,资产价格和基本面要匹配,匹配度越高,价格就越有效。平抑波动和达到价格有效性这两个目标函数在很多情况下是相似的,如果噪声交易员对市场的影响大,波动也大,价格的有效性就低。如果政府能对冲掉噪声交易,可以稳定市场,同时也能提高价格的有效性。在这种情况下两个目标就达到一致,这时候只需关注价格的波动。

但价格有效性这个目标函数相对抽象,它难以直接被度量,一

中国金融体系的制度基础

般人们只能观测到价格,观测不到基本面,就算价格偏离了基本面,偏离了多少也是很难测量的,这是操作层面上这个指标不常用的原因,也因此,在操作层面上对干预效果的衡量主要集中于波动方面。

在基本面不能被观测到的情况下,投资人需要摄取信息并且做信息分析,他需要对分析基本面的信号还是政府方面的信号作出选择。市场在二选一的环境下存在两种可能的均衡,一是以基本面为中心(Fundamental-centric)的均衡,二是以政府为中心(Government-centric)的均衡。在以基本面为中心的均衡下,市场参与人关注的信息集中在基本面,因此市场的交易最终起到对信息的汇总的作用,市场价格会体现市场参与人摄取的信息,所以交易的价格会在很大程度上反映基本面。

另外一种均衡是以政府为中心的均衡,在这个环境下,参与人只关注政府,交易出来的价格只反映政府的信息。我们假设政府是较理性的,而且他事先可以做制度选择,以基本面为中心还是以政府为中心这个问题由政府的干预程度决定,干预程度越高,政府在价格和市场的影响也越大,自然市场对政府信息的关注度也越高,最后关注点都转到政府上了。但如果政府适当控制干预,其在市场上的影响在一个相对可控的范围中,市场的注意力就还集中在基本面上。这两个情况都会出现,它和干预的选择是有关系的。

如何作出干预的选择与政府的目标有关。如果政府的目标只是降低波动,市场波动可以降到很低的水平,但是因为市场的注意力已从基本面转到政府,价格的有效性水平会很低。但如果政府只关注价格有效性,而完全不在意波动本身,我们只会看见以基本面为中心的状况。这里就会有一个临界点,干预程度一旦大于这个临界点,市场的关注度就会转移,价格的有效性就降低了。

总的来说,这是一个理论框架,这个框架讨论的是政府干预如

何帮助稳定市场，里面最重要的是价格波动和信息有效性，它们可能出现偏差，这主要是由于政府干预会分散市场的注意力。

金融市场在中国经济的位置是独特的，它的机制设计、选择都与这个任务有很大的关系。很多双轨制期间留下的印迹还在，政府体系对金融体系有很大作用。今天我用这个机会介绍一下我正在开发的框架，希望对系统地分析中国特有的经济结构下的金融问题有所帮助。

录音整理　陈彦博

社会融资规模与我国货币政策趋向

盛松成，教授、研究员、博士生导师，1999年获国务院政府特殊津贴，第十一届全国人大代表，现任上海市人民政府参事、中欧陆家嘴国际金融研究院常务副院长、中国互联网金融协会统计分析专业委员会主任委员、中国首席经济学家论坛研究院院长、中欧国际工商学院经济学与金融学教授，上海财经大学教授、博士生导师，清华大学五道口金融学院博士生导师。曾任中国人民银行调查统计司司长、中国人民银行沈阳分行行长等职。

盛松成的研究主要集中在货币经济学、货币理论与政策以及宏观经济分析。在社会融资规模、资本账户开放、利率和汇率市场化改革、房地产市场调控、虚拟货币与数字货币、互联网金融等理论与政策研究中，作出了积极贡献。先后在《中国社会科学》《经济研究》《金融研究》和《中国金融》等重要刊物发表专业论文一百余篇，并出版多部著作，如《中央银行与货币供给（第二版）》《社会融资规模理论与实践（第三版）》和《金融改革协调推进论》等。他还是社会融资规模指标的主要创立者，为我国金融宏观调控作出了突出贡献。

1993年获霍英东教育基金会高等院校青年教师科研奖二等奖（一等奖空缺），先后获全国高等院校金融类优秀教材奖、国家教委首届人文社会科学研究优秀成果奖、首届金融图书"金羊奖"和中国金融教育发展基金会优秀研究成果著作类一等奖等。

社会融资规模与我国货币政策趋向

【编者按】

2018年9月25日上午,"金融鹏程大讲堂"第36期顺利举办。中国人民银行调查统计司原司长盛松成教授从社会融资规模指标产生的背景以及构成出发,进一步分析了金融去杠杆背景下,我国货币政策的趋向,由浅入深,见微知著,对全面客观地解读数据变化,把握国内外经济金融形势及宏观政策的走向有重要的价值。

【核心摘要】

社会融资规模(以下简称社融)是中国独创的指标。社融与广义货币供应量(以下简称M2)是一个硬币的两个面,在中央银行的资产负债表中,M2体现为负债,社融体现为资产,二者是相统一的。金融强监管、去杠杆首先表现为M2增速下降,进一步表现为社融增速下降。中小企业对表外融资依赖性较高,应保持金融防风险与服务实体经济动态平衡,而不是将影子银行赶尽杀绝。应打通货币政策传导机制,监管政策也应与货币政策协调配合。此外,通过贬值促进出口得不偿失,汇率预期管理较为重要。

社融的定义和构成

（一）社融的定义

社融是指一定时期内（每月、每季或每年）实体经济从金融体系获得的资金额。这里的金融体系是整体金融的概念，从机构看，包括银行业、证券业、保险业等金融机构；从市场看，包括信贷市场、债券市场、股票市场、保险市场以及中间业务市场等；从地域看，社融是实体经济从境内金融体系获得的资金总额。相对于"社会融资总量""社会融资总规模"等提法，"社会融资规模"的提法更为准确。

社融是中国独创的数据指标。自2010年首次提出以来，经过了多年的推广与落实，现在已经广泛被社会所接受，成为我们国家金融宏观调控的重要指标。同时，社融也获得了国际金融组织国际货币基金组织（IMF）、国际清算银行（BIS）、世界银行（WB）的认可。

（二）社融的构成

社融主要由四个大类构成，下设十个子项：

第一类，金融机构表内贷款，具体包括人民币贷款和外币贷款两个子项。

第二类，金融机构通过表外提供的融资，具体包括委托贷款、信托贷款和未贴现银行承兑汇票三个子项。2010—2012年，金融创新火热，表外融资和影子银行规模迅速扩大。近两年来出现的融资规模增速大幅下降、资金紧张的现象，与金融防风险、强监管背景下影子银行迅速减少有一定关系。

第三类，直接融资，具体包括非金融企业债券和境内股票融资两个子项。

第四类，其他融资，具体包括保险公司赔偿、金融机构投资性房地产、小额贷款公司及贷款公司贷款、存款类金融机构资产支持证券和贷款核销等。金融机构投资性房地产指保险、银行等金融机构以投资为目的持有的房地产。其他融资的子项并不是一成不变的，今年在其他融资中新增了贷款核销和存款类金融机构资产支持证券。

社融与货币供应量是一个硬币的两个面

（一）社融的理论基础

从20世纪50年代开始，伯南克、施蒂格利茨以及托宾等著名经济学家陆续提出并最终形成了货币政策传导的信用观点。该理论认为，以货币为代表的负债方并不能全面反映货币政策的传导过程及其影响，货币政策还可以通过影响商业银行信用以及其他金融机构的资产方（如债券融资、股票融资等资产方的变动），来影响实体经济。

但是，西方货币政策传导机制理论中占主导地位的始终是货币观点理论。美国并没有依据此理论对资产方进行统计，主要原因有二：一是统计成本较高，美国的金融市场复杂，统计金融项目较多，需要较大的成本；二是美国资产端和负债端的转变比较平滑，也就是说，只要控制了负债端，资产端八九不离十。因此，美国仅仅通过负债端的货币供应量反映流动性。

但我国的国情有所不同，我国资产端和负债端的变化并不完全一致。举例来说，国有企业可以三年没有产出也可以不破产，所以我国资产和负债短期内可能没有完全匹配的，最后需要从负债端和资产端共同反映整个社会的流动性，所以需要指标社融。

中国的情况和美国不同，不能说中国的 M2 多就一定有问题，因为中国是以间接融资为主的国家，美国是以直接融资为主的国家。通过股票、债券等直接融资的方式进行融资并不创造货币，而间接融资会创造货币。货币政策可以通过调整法定存款准备金率来调整货币乘数，从而控制货币的供给。

（二）社融与 M2

社融与 M2 是一个硬币的两个面。M2 从负债方反映货币政策传导的过程和影响，在金融机构的资产负债表中体现为负债；社融从资产方衡量货币政策传导的过程和影响，在金融机构资产负债表中体现为资产，二者是有机统一的。

从历史上看，社融与 M2 增速走势基本一致，个别月份两者的增速甚至完全一致，两者相关系数达到 0.88。2016 年 10 月开始，社融与 M2 的增速差逐渐扩大，M2 同比增速于 2017 年 5 月开始跌破 10%，仅保持个位数增长（2009 年 11 月 M2 增速曾达到 29.7% 的历史高点），至今已超过 1 年。2017 年 8 月末，社融同比增速高于 M2 增速 4.9 个百分点，差距达到最大；2018 年 8 月末，M2 同比增速为 8.2%，较同期社融增速（10.1%）低 1.9 个百分点。

M2 增速下滑反映了资金面过紧。2018 年 4 月、5 月 P2P 爆雷也在一定程度上反映了市场上资金紧张。此次 P2P 爆雷与 2013 年 P2P 爆雷不同，2013 年 P2P 爆雷主要是诈骗违法，但今年 P2P 爆雷除了 P2P 本身经营问题，还有宏观环境的影响。风险事件往往会在最薄弱的环节爆发，资金紧张成了压在 P2P 身上最后一根稻草。一个具体的表现是，这次 P2P 爆雷，跑路的平台占比不高。资金面紧张首先出问题的是小微企业，小微企业还款难以持续，也容易引发 P2P 爆雷风险。2018 年 3 月、4 月出现货币供应量 M2 和社融下降，伴随着 P2P 爆雷，都反映了市场资金紧张，需要适当放松资金面。

金融去杠杆的进程及表现

（一）金融强监管、去杠杆的结果最初表现在 M2 增速上

金融去杠杆第一个表现是降通道。原本主要是商业银行直接放款给企业，后来金融创新不断发展，银行通过表外理财获取的资金投资于信托、基金等，最后流向房地产等领域。通道种类不断增多，

将原本的一个环节，扩张出了多个通道，结果金融体量越来越大，资金越来越多，风险也不断累积。因此，去杠杆首先就是降通道。

金融去杠杆首先导致了 M2 增速下降。M2 既包括企业和个人在银行的存款，也包括非存款类金融机构在存款类金融机构的存款。前者反映了金融机构对实体经济的资金融通，后者则主要是金融体系内部的资金流转。减通道会通过降低后者，从而降低 M2 增速。

（二）社融增量下降是金融去杠杆的进一步表现

金融去杠杆第二个表现是表外融资表内化，就是把委托贷款、信托贷款、银行承兑汇票变成表内资金。此前，银行为了规避监管，通过金融创新将表内的资产向外部转移，使表外资产过大，在严监管背景下，表外融资表内化，对防风险较为有利。

但不是所有的表外融资都能顺利进入表内，反映到数据上就是社融增量的进一步下降。2018 年 8 月，社融增量为 1.52 万亿元，比上年同期少 376 亿元。其中，对实体经济发放的人民币贷款增加 1.31 万亿元；委托贷款减少 1 207 亿元，同比多减 1 125 亿元；信托贷款减少 688 亿元，同比多减 1 831 亿元；未贴现的银行承兑汇票减少 779 亿元，同比多减 1 201 亿元。也就是说，表外融资合计减少 2 674 亿元，同比多减 4 157 亿元，这是造成 8 月当月社融增量同比下降的最主要原因。

从社融增量结构看，对实体经济发放的人民币贷款增量贡献占比曾于 2013 年一度下降到 51.3%，2018 年人民币贷款在社融中的占比明显回升，2018 年 1—8 月，人民币贷款占比高达 97.6%，比金融创新之前的 2002 年（91.9%）还要高。委托贷款、信托贷款以及未贴现的银行承兑汇票等表外融资增量占比曾经在 2013 年接近 30%，但在 2018 年 1—8 月，表外融资增量贡献为负，人民币贷款的增加无法弥补表外融资的迅速减少。除了人民币贷款，其他融资几乎都没了，这是个不正常的现象。

（三）不能把影子银行赶尽杀绝

融资向银行表内回归一定程度上弥补了表外融资的减少，但银行信贷承接表外融资会受到一系列限制，如资本金和流动性限制、严格的贷款审批流程等，银行贷款并不能满足企业所有的融资需求。

过去对于表外融资的监管太松，金融创新导致大量的影子银行出现，在强监管、去杠杆的大环境下，表内融资增加无法弥补表外融资的减少，使 M2 增速下降，进一步使社融增速下降。所谓的影子银行实际上是中性的。中小企业信用状况较弱，对影子银行依赖性较高，将影子银行赶尽杀绝也不利于解决小微企业贷款难的问题。

对于小微企业来说，现在"贷款难"是比"贷款贵"更为严重的问题，没有贷款何谈贷款贵？现在既想要解决"贷款难"，又想要解决"贷款贵"，风险要高，收益要低，是不符合市场经济逻辑的。因此放开利率上浮，让小微企业能借到钱，更为关键，应优先解决"贷款难"问题。应该让市场来选择，也就是说让银行自主选择对小微企业的贷款利率，这才是利率市场化的发展方向。

（四）实体经济融资成本上升

贷款利率可以直接反映融资成本的上升。从 2017 年 6 月开始到 2018 年 6 月，执行基准利率的贷款占比从 19.47% 下降 14.83%，而利率下浮的贷款比例从 16.13% 下降到 9.93%，利率上浮的贷款比例从 64.39% 上浮到 75.24%，由此可以看出整个社会融资成本在上升。

2018 年上半年，规模以上工业企业主营业务收入利润率仅为 6.51%，但今年以来各种融资渠道成本均有所上涨，甚至出现了不少渠道融资成本高于利润率的情况。有关机构测算,上市公司融资成本平均如下:银行贷款一年期贷款利率为7.5%~8.5%;股票质押的融资成本从去年的5.5%提高到目前的8%左右,质押折扣从去年的5~6折下降到近期的3~4折;信托主动管理项目的融资成本12%以上;民营企业发债融资的综合成本已达8%以上,且评级要达到AA+以上才有资格;私募基金的融资成本年化12%以上;P2P平台的一年期资金成本一般为15%~18%。

金融防风险要与支持实体经济动态平衡

(一)打通货币政策传导机制,监管政策应与货币政策协调配合

现在金融市场存在"货币不少,信贷不多"的现象,资金都留在货币市场上,银行不愿意放贷,企业也贷不到款。目前10年期国

债到期收益率已从年初的 3.9% 左右回落至 3.6% 左右,说明资金市场比较宽裕,供过于求;而金融机构人民币贷款加权平均利率则从年初的 5.3% 提高到约 6%,贷款成本增加。货币市场利率在下降,而实体经济利率在上升,说明大量货币滞留在货币市场上,没有流向贷款,如何打通货币的传导机制是目前亟待研究的问题。

所谓"宽货币、紧信用"的说法实际上是本末倒置,因为不是货币创造贷款,而是贷款创造货币。贷款决定存款,而不是存款决定贷款。在现有的中央银行制度下,贷款是社会融资的一部分,放到市场上就成存款,构成 M2。"宽货币、紧信用"是只看表面现象,信用收紧使货币难以流向实体经济,是有问题的。因此,要打通货币政策传导机制。

监管政策应与货币政策协调配合,若是一方面货币政策希望增加货币供应量、增加信贷;另一方面监管机构在监管政策上对金融机构严监管,两者的目标就会有一定冲突,需要协调配合。近期,银保监会按照党中央、国务院决策部署,坚持防范化解金融风险和服务实体经济相结合,引导银行保险机构加大资金投放力度,保障实体经济有效融资需求。

(二)资管新规平稳过渡、减少波动

为确保规范资产管理业务工作平稳过渡,为实体经济创造良好的货币金融环境,近日央行与银保监会、证监会共同研究制定了《关于进一步明确规范金融机构资产管理业务指导意见有关事项的通知》。资管新规标志着未来中国金融发展的趋势,主要内容包括统一监管、去通道、规范资金池和打破刚性兑付等。资管新规对银行影响比较大,为了实现平稳过渡,也经过了反复讨论。主要表现在两个方面:一是过渡期延后,将征求意见稿设定的过渡期末(2019

年6月）延后到2020年底，在2020年底之前的过渡期内，金融机构可以发行老产品投资新资产，并通过MPA考核和补充资本等宏观审慎政策支持非标回表；二是对资管新规当中的很多条款也做了一定的修订，如公募产品在一定条件下，可以适当投资非标资产。

资管新规中，打破刚兑是具有挑战性的，因为银行理财、P2P这类产品相对与普通民众联系更为紧密，而民众对理财风险认识不够清晰，不像大家对对证券的风险已经有一定的共识。例如，当股票市场不景气的时候，民众并不会因此去游行。

保持人民币汇率在合理均衡水平上的基本稳定

近期受贸易摩擦和国际汇市变化等因素影响，外汇市场出现了顺周期波动迹象。我国实行以市场供求为基础、参考一篮子货币进行调节、有管理的浮动汇率制度，现在并不是汇率开放的好时期，汇率制度在短期、中期内完全浮动是不可能的，因为涉及很多社会和经济因素。

2018年8月3日，中国人民银行发布了《关于调整外汇风险准备金政策的通知》（银发〔2018〕190号），自2018年8月6日起，将远期售汇业务的外汇风险准备金率从0调整为20%，大大提升了炒汇成本。2018年8月24日，中国汇交易中心宣布在人民币兑美元报价模型中重新引入"逆周期因子"。这是今年1月逆周期因子回归中性之后，时隔7个月首次启动逆周期因子。

通过贬值促进出口的做法是得不偿失的，虽然短期内有可能获得价格优势，但出口的一定是低端产品，往往保护了落后产能，不利于企业提高产品质量、提升核心竞争力。过去中国拉动GDP的三驾马车中,消费和投资占比不高,但近年来消费对GDP的贡献率较大,净出口对我国经济增长的贡献已十分有限,没有必要通过贬值促进出口来拉动经济。

汇率大幅贬值还有损大国形象,使贸易摩擦升级,并且使我国面临资本外流压力。目前人民币对美元汇率已从2018年内的高点贬值了近10%,要避免贸易摩擦演变为金融摩擦,避免将贸易摩擦变为汇率战。事实上,中美都不希望人民币大幅贬值。所谓的均衡汇率是一个事后的概念,预期管理较为重要。

录音整理　吴文婷

中国宏观经济展望

任泽平，恒大集团首席经济学家（副总裁级）、研究院院长。曾先后担任国务院发展研究中心宏观部研究室副主任，国泰君安证券研究所董事总经理、首席宏观分析师，方正证券首席经济学家、研究所联席所长。兼任首都金融智库专家，科技部国家高新区升级评审专家，中国新供给50人论坛成员，中国人民大学兼职导师，中央财经大学兼职导师，对外经贸大学兼职教授。中国人民大学经济学博士，清华大学经济管理学院博士后。

长期从事宏观经济、货币金融、房地产、公共政策、产业经济等领域研究。曾参与重大文件和改革方案起草，在国务院发展研究中心年度量化绩效考核排名第四位、第六位。在《人民日报》《经济研究》等报刊发表文章百篇，出版专著译著《宏观经济结构研究》（入选"当代经济学文库"）、《从奇迹到成熟：韩国转型经验》、《大势研判：经济、政策与资本市场》《房地产周期》等。

先后提出"新5%比旧8%好""5000点不是梦""改革牛""一线房价翻一倍""经济L型""新周期"等重要判断，是中国金融市场上最具影响力的经济学家之一。2015年带领团队在中国机构投资者的各大评选中，获得宏观第一大满贯冠军，获得新财富四项大奖，为新财富最佳分析师评选历史上获此殊荣的第一人。

中国宏观经济展望

【编者按】

2019年2月19日上午,"金融鹏程大讲堂"第37期顺利举办。恒大集团首席经济学家任泽平从宏观经济形势、中美贸易战和城市化三大方面入手,结合翔实数据分析了中国宏观经济形势、中美贸易战走向以及中国城市化模式。讲座视野开阔、内容丰富。

【核心摘要】

中国当前经济处于"增速换挡"的L型触底期,2018年经济周期从滞涨转入通缩,2019年中期经济将二次探底。从政策的转变来看,在2018年第二季度到第三季度之间,政策信号从偏紧转向适度宽松。对于中美贸易摩擦的基本判断:第一,中美贸易摩擦具有长期性和日益严峻性;第二,这是打着贸易保护主义旗号的遏制;第三,中国最好的应对是以更大决心、更大勇气推动新一轮改革开放,坚定不移。对于城市化,建议改变区域规划的主导思想,尽快确立中国城市群都市圈的城市化模式。

金融鹏程 大讲堂（第二辑）

　　站在新的一年开始之际，我向大家报告一下我们对中国宏观经济分析的粗浅看法。我重点报告三个方面内容。第一方面是当前国际经济形势，以及我们对国内政策导向的观察；第二方面是中美贸易摩擦；第三方面是城市化。

宏观经济形势

　　分析宏观经济形势的主流角度是潜在增长率和经济周期，一个是增长的趋势，另一个是增长的波动。经济是围绕一个趋势或者潜在增长率进行周期性波动的，我结合我们分析的框架来跟大家介绍一下当前的宏观经济形势。

　　我对宏观形势第一个判断是从增长的趋势来看，现在我国处在增速换挡的"L型"触低期。第二个判断是关于2019年短期的经济形势。2018年上半年是典型的滞涨阶段,到了2018年下半年从滞涨迅速转为通缩。从2018年政策进入主动去库存阶段以后,进入通缩阶段后,政策开始回暖。我们认为,从政策、库存周期来看,今年第二、第三季度中国经济将第二次探底。第三个判断是关于2019年的货币金融,今年1月社融超预期,M2也出现略微回升。我们初步判断未来大幅回升的可能性不太大。M2增速大致领先GDP增速一个至二个季度,进一步验证了2019年第二季度到第三季度经济增速二次探底的判断,下半年经济有望企稳。最后是对市场形势,股市房市的看法。我认为今年货币金融环境不错,所以A股表现可能会比去年好,否极泰来。

我们通过一些数据分析一下当前的经济形势。

一是GDP增速数据。2018年第四季度GDP实际增速6.4%,创2009年第一季度(6.4%)以来的低点。

二是出口数据。中美贸易摩擦持续升级,影响开始显现,12月PMI新出口订单指数为34个月新低。

三是投资数据。2018年全年投资增长5.9%,创1998年亚洲金融风暴以来新低。基建投资增速降至3.8%,创2012年以来新低。1—12月全社会消费零售总额累计增长9%,创2004年以来新低。2018年12月广义货币供应M2增速为8.1%,为近20年低点。1—12月社会融资规模新增19.26万亿元,同比减少3.14万亿元,表外非标大幅减少。

总的来说,去年货币紧,金融监管紧,财政也是紧的,出现了经济下行、股市下跌、股权质押风险等现象。从经济周期的角度来观察,如果说去年上半年是滞涨,那么从去年下半年到今年的上半年处于通缩。所以政策是从去年下半年开始预调微调,监管开始放松。当前的经济形势基本是这样的情况。

接下来我们关注中央的政策导向，我认为中央经济宏观政策的关键词是"强化逆周期调节"。"逆周期调节"是指经济差的时候政策松一点，经济好的时候政策紧一点。所以现阶段政策可能会转向适度宽松。

我们详细来看2018年中央经济工作会议对政策的描述。一是宏观政策，"强化逆周期调节，继续实施积极的财政政策和稳健的货币政策，适时预调微调，稳定总需求"。二是财政政策，会议指出"积极的财政政策要加力提效，实施更大规模的减税降费，较大幅度增加地方政府专项债券规模"。关于减税降费，我认为最好的税收减免是不要搞特殊性、临时性的、碎片化的减税，而是普惠性的，这符合市场竞争中性、公平竞争的基本原则。所以我们建议今年普降企业所得税、增值税等。三是货币政策，"稳健的货币政策要松紧适度，保持流动性合理充裕，改善货币政策传导机制，提高直接融资比重，解决好民营企业和小微企业融资难融资贵问题"。那么对大部分的企业和投资者来说，松紧适度是要松还是要紧呢？这需要和去年进行对比，去年的提法为"保持中性"，从"保持中性"到"松紧适度"，说明今年的货币政策开始转向宽松。2019年开年就降准了，这次降准与2018年4次降准有两个不同点。第一点是2018年降准是定向，2019年是普降。第二点是2019年降准力度更大。降准后银行间市场利率降低，但是由于银行的风险偏好还没有提升，所以从宽货币到宽信用还需要一个过程。

对于供给侧结构性改革，2018年中央经济工作会议仍然提出"坚持以供给侧结构性改革为主线不动摇"，但是要"更多采取改革的办法，更多运用市场化、法治化手段"。这意味着去年有些地方有些部门采用了非市场化、非法治化的手段，所以今年要更多地采用市场化、法治化的手段。"要巩固'三去一降一补'成果，推动更多产能过剩行业加快出清，降低全社会各类营商成本，加大基础设施等领域补短板力度"，2015年底供给侧结构性改革提出以来，取得了突出成绩，但是，政策在执行的过程中也部分地出现了金融去杠杆等政策执行过快过猛，导致误伤民营和中小企业的问题。目前供给侧结构性改革五大任务中，去产能、去库存、去杠杆三大任务已经基本完成，我们建议未来政策重心应加大降成本和补齐短板，提振企业和居民信心。

对于资本市场，2018年中央经济工作会议提出"打造一个规范、透明、开放、有活力、有韧性的资本市场。提高上市公司质量，完善交易制度，引导更多中长期资金进入，推动在上交所设立科创板并试点注册制尽快落地"。我认为这确实是解决中小企业、民营企业以及新经济繁荣发展很重要的抓手，但是这也是项很专业的工作。我认为注册制是中国金融市场、资本市场一次触及灵魂的改革。注册制不意味着不监管，而是监管重心的后移。如果把注册制搞好，不仅是监管重心的后移，而且是监管的升级。在美国，注册制有三个核心。一是非常严格的信息披露制度，涉及一系列的会计准则与法律；二是严惩重罚，美国对于证券欺诈是严惩重罚；三是退市制。我国A股累计退市率2%左右，但是美国每年10%左右，所以市场的新陈代谢，优胜劣汰比较容易实现，能够保证好的企业存活。而且美国还有集体诉讼，美国的集体诉讼可以将上市公司告破产。所以说注册制不是不监管，而是监管重心的后移，是监管的升级。所以我认为这是触及市场灵魂的改革。对于资本市场，我们的建议是推动资本市场国际化、市场化发展的大方向不能出错。

总的来说，2018年中央经济工作会议信息量还是非常大的，从政策的转变来看，2018年7月第二季度中央政治局形势分析会上强调"坚决做好去杠杆工作""坚决遏制房价上涨"，但是到了10

月第三季度的政治局会议上开始提出经济下行压力加大，强调六个"稳"。所以在去年第二季度到第三季度之间，政策信号开始转向适度宽松。这是我对政策的解读。

中美贸易摩擦

中美贸易摩擦从2018年开始，引发了大规模讨论。我们大致总结了一下中美贸易摩擦的流行观点，主要分为三种。

第一种是"认怂论"，认为只要中国服软让步，中美贸易摩擦即宣告结束或重归于好。是不是这样呢，我们通过一些数据判断一下。2017年美国货物贸易逆差创2009年以来新高、再度接近峰值，中国货物贸易顺差占美国的46%；美国的制造业就业岗位的大幅度减少，在 20 世纪 80、90 年代美国大部分州以制造业为主，但是随着中国经济的崛起，尤其 2001 年中国加入 WTO，到了 2015 年美国制造业就业岗位大幅度的流失；中国经济不断崛起，在全球 GDP 占比中，中国占比 16%，美国占比 24%。中国 2018 年 GDP 占相当于美国的 66%，按照 6% 左右的 GDP 增速再增长十年左右，即在 2027 年前后，中国有望取代美国、成为世界第一大经济体，美国最怕这样发展下去的时间和趋势。在 2018 年 5 月美国提出的"条件清单"中，美国对中国加征税的领域不是中国更具比较优势的中低端制造，而是《中国制造 2025》中计划主要发展的高科技产业，包括新一代信息技术、航空、新能源汽车、新材料等。而这些领域又是美国有绝对优势的，所以对中国这些产品进行制裁是毫无道理的，是打着贸易保护主义旗号的遏制。

中美贸易摩擦从狭义到广义有四个层次：缩减贸易逆差、实现公平贸易的结构性改革、霸权国家对新兴大国的战略遏制、冷战思维的意识形态对抗。中美双方要控制分歧、避免误判，在第一、第二个层次多谈判、合作、寻求共赢，尽可能避免将分歧引向第三、第四个层次。当年日美贸易战从 20 世纪 50 年代中后期一直打到 80 年代末，历时三十年，战场先后经历纺织、钢铁、家电、汽车、电信、半导体，一直到 1985 年签订《广场协议》、1989 年签订《日美结构性障碍协议》，日方节节退让甚至无原则顺从，但美方却步步紧逼，直到日本应对失当、国内资产价格泡沫崩盘，日本金融战败，陷入失落的二十年，再也没有能力挑战美国经济霸权，日美贸易战才宣告结束。从世界大国兴衰的世纪性规律和领导权更迭来看，贸易摩擦是中国发展到现阶段必然出现的现象和必将面临的挑战。其未来演化的参考模式不是过去四十年中美贸易摩擦的模式，而应参考英美世界领导权更迭、日美贸易战等的演化模式。

中美贸易摩擦的第二种流行观点是"强硬论",认为中国有实力在经济、金融、资源、舆论、地缘政治等领域对美方全面开战。我们通过一些数据来分析一下中美在军事、金融、科技等方面的实力差距。2017年美国的军队开支7 000亿美元,中国2 200多亿美元,只是美国的1/3。在金融领域,全球外汇储备当中美元占63%,人民币占全球外汇储备只有1.8%。在科技领域,全球500强中国有111家,美国有126家,虽然中国在速度层面追赶很快,但是在行业分布层面,美国全球500强大部分分布在半导体、IT、医药、生命健康等领域,中国大部分则是金融与能源,而且绝大部分是国企。全球最好的100所大学中,美国有43所,中国只有5所。还有基础设施、居民生活质量等方面中美依然存在较大差距。中美贸易摩擦确实折射出中国在改革开放领域仍有很多功课要做,在降低关税、放开投资限制、内部审查、打破国企垄断、更大力度推动改革开放、建立更高水平的市场经济和开放体制等方面我们都还有很多的功课要去做,这是我们客观要承认的。

第三种观点是无论是"认怂论"还是"强硬论",都是被美方牵着走,中国应采取"无视"的智慧和大局观,把主要精力放在做好自己的事情上,加大改革开放力度,建设高水平市场经济和开放体制,建设自由平等以人为本的公民社会,我们的世界观和意识形态自然会得到世界的认同。中美贸易摩擦,一方面缘于巨额贸易逆差及其结构性体制性问题和分歧;另一方面缘于新冷战思维在位霸权国家对新兴崛起大国的遏制。外部霸权是内部实力的延伸,贸易摩擦根本上是改革战,与其打嘴仗、挑动民族主义民粹主义情绪,不如韬光养晦、实事求是地做好改革开放,历史和人民最终会给出最公平的答案。

对于中美贸易摩擦,我们的基本判断:第一,中美贸易战具有长期性和日益严峻性；第二，这是打着贸易保护主义旗号的遏制；第三，中国最好的应对是以更大决心、更大勇气推动新一轮改革开放，坚定不移。对此，我们要保持清醒冷静和战略定力。

城市化

城市化与房地产息息相关，关于房地产我提过一个观点："长期看人口，中期看土地，短期看金融。"从房地产的供需角度看，人口是需求，土地是供给，金融是杠杆。所以房地产核心就是看人往哪里流动，这个区域土地供给情况，以及金融货币杠杆情况。接下来主要讲4个问题。第一，世界各国人口流动的基本趋势是什么？第二，个人口流动的驱动因素是什么？第三，小城镇模式造成了什么影响？第四，中国城镇化的未来是什么？

关于世界各国人口流动的趋势，我们研究了美国、欧洲、日本、韩国等十几个经济体，发现除了极少数，世界上绝大部分经济体人口流动趋势是大都市圈化和城市群化。过去上百年美国、巴西、日本、菲律宾、英国、印度，世界上绝大部分经济体的人口都在不断地向城市群和都市圈集聚。具体的城市例如首尔、巴黎、伦敦，它们的城市化早就结束了，但是城市人口还在不断地上升。人口流动的特点是越是大城市，人口增长的越快，越是小城市，人口增长的越慢。中国也是这样。中国现在城镇化率59.6%，不到60%，而且中国人口往大都市圈集聚的过程远远没有结束。

既然大城市存在交通拥挤、空气差、竞争压力大等问题，为什么大家还都往都市圈城市群迁移呢？人口流动的驱动因素和基本规律可以概括为"人往高处走，人随产业走"。产业具有规模效应和集聚效应,所以人要到能提供就业机会、实现人生价值的地方去。这是全球包括各个经济体人口流动的基本驱动因素。

长期以来,在"控制大城市人口、积极发展中小城市和小城镇、区域均衡发展"的城镇化思路指导下,人口向大都市圈集聚,但土地供给向三四线城市倾斜,人口城镇化与土地城镇化明显背离。由此形成了人地分离、土地供需错配,这成为一线和部分热点二线城市房价过高、三四线库存过高的根源。

我们的建议就是改变区域规划的主导思想,尽快确立中国城市群都市圈的城市化模式。

一是首先需要解决深层次认识问题。深刻认识都市圈、城市群比小城镇更节约土地能源、更有活力、更有效率,更符合产业集聚和人口集聚的经济社会发展规律。违背规律必然受到惩罚,小城镇化模式导致一二线高房价三四线高库存、大城市公共交通供给不足、城市建设用地供给不足、人的城镇化落后于土地城镇化、内需不振等问题。

二是尽快改变"控制大城市人口、积极发展中小城市和小城镇、区域均衡发展"的城镇化思路,确立都市圈城市群的城市规划区域规划战略。小城镇模式本质是固化人口、土地等要素流动,不利于优化资源配资,违背市场化改革方向。确立城市群模式,需要一系列市场化改革,要促进人口、土地、技术等要素自由充分流动,推动农民工市民化,社保跨区域流动连接,户籍,跨省换地等。

三是大力实施人地挂钩,实现供求平衡。推行新增常住人口与土地供应挂钩,人口流入的城市群都市圈要加大建设用地供应,人口流出的区域要减少土地供应。

四是优化人口的空间分布,并促进职住平衡。推进新增人口向新城集聚,并积极在新城布局相应产业,包括向新城特别是重点新城疏解中心城部分功能及部分优质公共服务资源。

五是进一步发展城市轨道交通，尤其在城市群都市圈。大力提高城市轨道交通路网密度，推进轨道交通系统制式多元化发展，改变当前以中心城为核心的放射型轨道交通体系为环状"井"字形。

六是改善北京上海人口调控政策，打造国际化大都市，增强城市活力。改变人口总量调控目标，保持相对开放的人口迁徙政策，吸引区外年轻人口，特别是高素质年轻人口。

录音整理　马媛

金融解放婚姻——爱情在中国胜利？

陈志武，前耶鲁大学金融经济学教授（1999—2017），现任香港大学亚洲环球研究所所长、经济与工商管理学院冯氏讲席教授。主要的研究工作涵盖金融学理论、金融社会学、经济史、新兴市场、中国经济和资本市场等课题。在正式加入香港大学之前，陈教授在耶鲁大学担任金融经济学教授18年，也担任北京大学经济学院特聘教授、清华大学社会科学学院特聘教授。

陈教授的中文著作包括《财富是怎样产生的？》（2005）、《媒体、法律与市场》（2005）、《为什么中国人勤劳而不富有》（2008）、《非理性亢奋》（2008）、《金融的逻辑》（2009）、《24堂财富课》（2009）、《陈志武谈中国经济》（2010）、《没有中国模式这回事》（2010）、《金融的逻辑 2：通往自由之路》（2015）和《陈志武金融通识课》（2018）。多年来得到的研究奖包括格雷厄姆·都德奖（2013）、Pacesetter研究奖（1999）、默顿·米勒研究奖（1994）、芝加哥期权交易所研究奖（1994）。《金融的逻辑》获得过23项最佳年度图书奖，《为什么中国人勤劳而不富有》获得和讯网最佳图书头等奖。2012年全球咨询公司Burson-Marsteller在其"G20 Influencers Report"（G20国家最具影响力人物报告）中将陈教授列为 "中国最具影响力的十人"之一。

陈教授是香港大学校务委员会成员、中国证监会国际顾问以及诺亚财富的独立董事。参与创办Zebra Capital Management基金管理公司，并在2001年至2011年为其两位合伙人之一。在1990年至1995年担任美国威斯康辛·麦迪逊大学金融学助理教授；1995年至1999年担任美国俄亥俄州立大学金融学副教授；1999年至2017年为耶鲁大学金融学教授。陈教授于2016年7月加入香港大学任亚洲环球研究所所长、冯氏讲席教授（经济学）。

金融解放婚姻——爱情在中国胜利？

【编者按】

2019年4月18日下午，由中国人民银行深圳市中心支行、深圳经济特区金融学会联手打造的"金融鹏程大讲堂"迎来第38期。香港大学亚洲环球研究所所长、经济与工商管理学院冯氏讲席教授陈志武教授作了题为《金融解放婚姻——爱情在中国胜利？》的专题讲座。陈志武教授从婚姻的本质和沿革入手，分析了金融的发展对婚姻与爱情的影响。

【核心摘要】

30年来，中国结婚率减半，离婚人数和离婚率大幅上升。在美国，保持婚姻生活的成年人仅有近半数，未婚妇女生育的儿童数量占比提升。

爱情历来不是人类婚姻的前提，直到近代才成为婚姻的核心。婚姻是一种人生避险手段，是跨期合作体系。男女通过相互吸引和相互需要的生理基础缔结婚姻契约，生子可增加婚姻契约的牢靠性，并通过文化习俗约束行为，降低离婚违约概率。

有了现代市场尤其现代金融后，婚姻与家、家族的经济功能被市场取代。因此，金融解放了婚姻，使爱情成为婚姻的主角，但人们对结婚更为谨慎，离婚率也必然上升。

从十几年前开始，我更多地关注金融对于个人、对于社会的意义何在。近年国内金融行业的人员在中国社会的重要性不断上升，在此背景之下，我一直觉得有必要厘清金融对于现代人和现代社会的作用和意义。最近一年左右，我集中精力完成《陈志武金融投资课》这本书，对我过去20年的研究进行比较全面的学术总结，涉及的面比较广。其中包括我前不久完成的关于人类婚姻的起源和演变背后逻辑的文章。我今天跟大家分享一下我在这方面的一些思考，因为大多数的人不会将金融和婚姻、爱情联系起来，更不会从金融的角度考虑"爱情是否在中国胜利了"这个问题。

爱情与婚姻

从1979年到2017年中国日均结婚和离婚的数据来看，1978年

金融解放婚姻——爱情在中国胜利？

平均一天结婚1.68万对，2017年是2.91万对，在40年时间里增长了81.88%。相对而言，离婚数量从原来的平均每天800对上升到最近的1.198万对，增长了13.975倍。当然这两组数据背后肯定是与目前离婚以后可以多买房有很大的关系，离婚以后，买了房，再转手一下，又重新结婚，这种做法应该对离婚、结婚的人数都会有同样的影响。

中国人对婚姻是十分重视的，但同时离婚率也在上升。这背后，一部分的原因是爱情在婚姻中的分量上升，这在一段时间之内必然会导致离婚率上升。在过去，出于生老病死等这些需求，人们不得不结婚。但是现在有了不同的金融产品，特别是当保险借贷等产品越来越丰富以后，想要让一个没有爱情的婚姻继续下去，人们所做的牺牲会越来越大。从这个意义上来说，离婚率的上升在一定时间内，更多的是一个好事情，说明为了功利的结婚不再那么重要。

在 20 世纪 60 年代初的时候，18 岁以上美国成年人大概只有 26% 左右是单身生活的，有的没结过婚，有的是离了婚或者其他原因。2006 年这个比例上升到 48%。为什么一半以上的成年人处于单身的状态？我们来查看一些具体的细节，比如家庭的平均人数，60 年代初的时候平均一家有 3.3 个人，今天却只有 2.6 个人，所以家庭规模也在缩小。

在 60 年代的时候，按照全美国的人口来看，未婚妇女生育的小孩占比 5%~6%，今天是 41%。黑人中，这个比例更高，在 70 年代的时候，大概有 30% 的黑人母亲是未婚，今天是 72%。这些数据说明，人类的婚姻正在转型。我们从中国的数据和美国的数据都看到人类婚姻正在经历一种大的转变。

我们现在一听到婚姻就想到爱情，很多文学艺术界的朋友也总是把婚姻跟浪漫的爱情连在一起。如果我们总把"婚姻是因为爱情而来的"当成是一个历史背景，那绝对跟真实的历史不一样。"爱情"这个词出现在中文里是在"五四运动"之前，在清代末年时期，当时林纾在翻译一些西欧小说和法国的诗词时碰到两个挑战，一个是法国人和欧洲人讲的浪漫意义上的爱情，中文应该用一个什么词来表述。因为以前中国人的爱情更多是跟三纲五常对应的关系，跟异性之间那种浪漫意义上的情感是没有什么联系的。

还有一个挑战就是法国人总喜欢用玫瑰描述爱情，所以当时翻译玫瑰在中国应该联系哪一种花，让中国人一读到这个词马上产生了浪漫意义上爱情的回忆，后来找了半天没有找到一个，倒是"爱情"这个词是蛮有创意的。

十多年前，我在复旦大学做讲座的时候，有一位研究经济史的老先生说中国原来怎么会没有爱情，我们不是有牛郎织女七七会的故事吗？牛郎织女七七会之所以作为流传下来的佳话，就是因为人

金融解放婚姻——爱情在中国胜利？

们在现实中达不到这个境界。这种故事之所以一直流传下来，是因为古代中国几乎很少人可以有这么奢侈的生活条件，可以把婚姻真的只是浪漫地使用一次。

我比较喜欢的一本书是由坤姿写的《婚姻史：爱情是如何征服婚姻的》，从这个标题我们可以看到，以前婚姻跟爱情是没有关系的。这本书里介绍了不同国家的婚姻的历史演变。他写到爱情历来不是人类婚姻的前提，只是到现代才慢慢成为婚姻的核心。不管是古希腊、古罗马，还是中世纪欧洲，婚姻都用于政治联姻或物质功利，婚姻和爱情被认为彼此不兼容。对于中下层人，这个界限更清晰，农民甚至编出诗歌，讽刺挖苦婚姻中的爱情，认为婚姻中有爱情十分荒诞。

1975年一项印度大学生婚姻观调查中，有32%的大学生"坚决反对"爱情作为婚姻的基础，只有18%"强烈赞成"爱情婚姻。

婚姻是什么？是指特定男人与女人间缔结得较为固定的性关系与社会关系，彼此有特定的责任、义务和权利。

如果我们分析一下《夫妻双方把家还》里的词，实际上根本不浪漫。你耕田来我织布，这是男女劳动能力差异的典型反映。所以根据亚当·斯密《看不见的手》，我们通过专业分工，组织一个生产单位，把生产单位不同、劳动优势不同的分工组织起来，使产出可以最大化，家庭也是这样，婚姻也是这样子。当然这方面婚姻和家的第一个功能就是建立生产单位，家就是一个生产单位。这是第一个功能。

第二个功能说寒窑虽破能抵风雨，实际上这个话更重要的含义就是通过结婚成家，建立一个内部金融市场。这样一来，这个家就是我们熟悉的金融市场，只不过它不是通过货币化来表现的，这个寒窑实际上是风险互助一个交替体系。

第三个功能才是情感功能，夫妻恩爱苦也甜。所以当时写黄梅戏更关注的是前面两项功能。

举另外一个例子，有很多的年轻人和中年人跟我说，20世纪90年代林子祥对唱的歌《选择》很浪漫，我把歌词从头看到尾，没看到任何浪漫的东西，整歌都是一系列宣誓承诺，利益交换。一旦涉及"选择"，人就会算计功利得失，理性压过情感。

其实不是只有中国是这样子，基督教社会用得比较多的婚礼的誓词也是如此，意思是很明白的，不管如何我们都不能够改变我们的承诺。所以说到底到最后这都是一个解决未来的生老病死、风险挑战的问题。印度的婚词仔细看一下也是充满利益的交换。

如果是收入足够高，去买很多的保险，医疗保险，养老退休金，等等，把所有这些都安排好了以后，至少从这些经济需要的角度来讲，不必只能通过婚姻来解决生老病死、规避风险的问题，但是在过去没有金融市场的时候，只能使用老的解决办法，就是婚姻和家庭。

金融解放婚姻

金融要解决人类面对的重点问题主要是跨期，是人与人、机构与机构、机构与个人之间跨期的价值交换。人类所有的交换里面，最大的挑战就是跨期价值交换。如果我卖给你的是一个杯子，你给我钱，我把杯子给你，你只要拿了这个杯子，觉得可用就行了。如果跨期交易，我今年把钱借给你，约一年后还钱，但中途逃跑了怎么办？

在跨期交换里面碰到两个最大的具体的挑战：第一个是逆向选择的问题，以保险业务为例，卖健康保险最大的挑战是你很难把健

金融解放婚姻——爱情在中国胜利？

康保险的定价做好，因为很容易出现一个局面是真正生病的人马上会找你买医疗保险。而那些很健康的人没有兴趣，那如果是这样的话所有买你公司保险的人都是已经大病缠身，你的保险公司也做不下去。

第二个是道德风险的问题。也许你说服一些很健康的人到你这买医疗保险，他本来每天都运动，但是有了这个保险以后不用担心生病就不运动了。所以这使要真正在不同的人之间进行一个跨期风险互助、跨期风险交换、利益交换的话，是很难做到的。人类自古以来，最原始的解决跨期风险互助的信用、道德风险问题、逆向选择问题的办法就是基于血缘，因为它有一个最大的好处，你作为哪个家庭的成员这完全是你父母没办法选择的，你自己也没办法选择，所以这样一来就比较自然地把逆向选择的问题解决好，因为没有选择的余地。

家庭宗族跟金融市场、金融公司解决的问题，在这个意义上来说完全一样，只不过它所依赖的解决方式跟金融市场强调法治、监管不一样。因为交易的范围不一样。但如果我们从这些角度理解，养儿防老这个体系所依赖的那些自然的好处和优势，让我们可以把逆向选择和道德风险的问题相对解决得更好一点。

但是我们要想到，养儿防老给我们提供的内部金融市场，它需要很多的规则，就像我刚才说到，现在金融市场可以有法院、监管部门、人民银行来约束，这样的话跨期价值交换、跨期承诺没有那么多人违约。但是原来靠血缘这个体系来实现风险互助的安排，不能够只是在一张纸上说我们要通过血缘关系来通过跨区互助了。儒家从周朝开始就建立起一套非常详细的规则，不管是三纲五常还是三从四德等，到最后都是为了基于血缘关系、家族种族网络实现安全跨期交易体系。所以三纲五常等秩序的要求，实际上最主要目的还是为把我们每个人固定在一个社会结构里面，使我跟其他人相对的利益关系可以固定下来，不存在太多的不确定性。实际上历来真正在我们中国社会资源配置中起决定性作用的就是三纲五常的名分等级制度，不同辈分的权利由风俗确定。过年过节，拜祖先分猪肉，每个成员站立的位置不可乱来；喜庆、丧礼等事宜，出场或排列的先后也有规矩。就是简单地吃一顿饭，坐位的排列、起筷的先后也严格规定，餐餐如是。古代中国社会没有政府主导资源的配置，又不是靠市场化的货币化的交易来完成，靠的是辈份、年龄、性别、血缘关系远近。这四个维度决定了中国社会过去两千多年的资源配置体系。

我们熟悉的家庭可以提供更加稳固、更加靠得住的人际之间的跨期价值交换。但是无论你的宗族多大，能实现风险分摊的效果还是非常有限的，因为大多数的族人都在同一个村或者附近生活。如果你的地方发生了旱灾，十有八九族人也会发生同样的旱灾，所以实际上风险分摊的效果是很有限的。

这个体系以外人类找到的第二个靠得住的体系就是婚姻。罗卜茨威格和斯塔克教授在1989年发表了一篇论文，他们研究了印度农村的数据，印度农村的父母都喜欢把女儿外嫁很远，如果有几个女儿，会把不同的女儿分别往不同的方向外嫁。收入波动大的农村家庭，更倾向于让女儿外嫁很远，而且往不同方向嫁。我们从这些规律里面看到一个婚姻的用途是通过女儿的婚姻实现跨越不同村庄之间的风险分摊。

其他国家的数据也很有意思，比如说在美国，已婚有家庭的人，他们选择自雇的概率比未婚男女高50%左右。结婚之后，如果丈夫或妻子有收入稳定的工作，另一方就可大胆创业，冒险失败也不至于带来生存挑战。也正是因为这样，已婚选择创业的比例比单身人

金融解放婚姻——爱情在中国胜利？

选择创业要高 1.5 倍左右，所以这也是婚姻带来的一个风险互助，解放我们、让我们做其他的事情、可以提供更多便利的一种表现。

方博鸿教授跟他两位合作者对泰国 150 家上市家族的企业以及家族的子女跟谁结婚做了一个研究，1991—2006 年，200 对家族企业子女的婚姻里，只有 20.5% 是爱情婚姻，剩下的将近 80% 要么是商业联姻，要么就是政治联姻。两成爱情婚姻当中，相当多是因为家族企业子女去了北美或者欧洲留学，爱上一个人，无法拆散，父母只好放弃利用这些子女的婚姻来达到商业利益最大化的目的。

另外，方教授团队把不同的行业分成两类，一类就是需要政府审批才可以进入的房地产和金融行业，另一类是不需要审批竞争性的行业。结果他们发现需要政府审批的这些行业的家族企业，95.6%的子女的婚姻是商业联姻或者是政治联姻，只有不到 5% 的婚姻是真正的自由恋爱。

在 2004 年，日本总共有 83 505 个人被领养，而 18 岁以上有 82 175 人，90% 以上被领养都是成年人。为什么这么大的年龄还有人愿意去领养？有的时候市场不发达，人类社会会做很多的创新，会在其他的文化和人际关系上去创新的。例如我们想要解决跨期承诺的问题，不管在哪我们都只信任血亲。所以对于很多的家族来说，在日本最头疼的就是，他们只认直系血亲，没有儿子或者儿子没出息怎么办？所以山井集团最初的创始人在 1675 年，做了一件事，他宁可要女儿，因为只要有女儿，就可以选择谁做儿子。他在公司年轻人中物色一个能力最强小伙子，把女儿嫁给他，婚满一年，再通过仪式把女婿收养为儿子，改姓山井。所有认识他的人都知道他做了承诺，你如果想要改回原来的姓氏，为原来的生父母家族服务的话，违约对你的成本很高。这样一来他们通过这种领养的女婿来接班，然后把这个家族企业的传承的问题，以最理想的方式给解决了，这就是为什么日本大多数的领养对象都是成年人，这是为了家族的传承作出的一种选择。

既然婚姻也是契约，如何令人类更信任契约？其中的原因我们可以从好多个方面来讲，一个是男女间的相互吸引与需要是其一。生子也增加婚姻契约的牢靠性。再一个是"门当户对"使婚姻契约最稳。

但更重要的是，各个社会对于婚姻这些规则、伦理道德做了很多的创新，就像我们中国人说的三从四德等。我在2018年发表的一篇论文，是对清朝妻子买卖的价格研究，为什么在过去，中国出现灾荒的时候必须把妻子或者女儿卖掉，为什么不能把丈夫或者儿子卖掉？因为女孩从小接受顺服教育，被灌输"离婚念头有罪"。这就造成把妇女交易出去的确定性很高。不管是原来婚姻的过程，还是各种理念，以及后来的贞节文化，把婚姻契约关系变得更加稳固，全社会有更多的人愿意把很多的资源、时间、精力投资在姻亲、姻缘关系上。很多人不理解，从宋朝开始要立贞节牌坊，后来朱元璋变得更明确，如果妇女30岁以前一直不嫁人，50岁后还是没改嫁，政府花钱在他们家族前面立牌坊，还免掉整个家族的赋税。这个对妇女本身是没有好处的，但是对宗族是有好处的，所以后来导致一个很荒唐的局面，各家都巴不得自己家里面要有一个寡妇，这样的话有机会去立牌坊。后来清朝开始，先是从雍正皇帝，后来其他的皇帝分别把官方旌表的标准降低。以至于从宋到明到清，节妇烈女清朝最多。

前些年有几位教授做了一个研究，对中国7个省6 334对夫妻的数据做了调查，发现：父母包办的妻子更顺从听话、生更多小孩、有男孩的概率更高、更认同丈夫的孝敬父母责任，但代价是婚姻更不和谐、妻子收入低或者不外出工作。而自由恋爱婚姻中，夫妻和

金融解放婚姻——爱情在中国胜利?

谐度高,感情一般更好,但是对于父母孝敬、顺从的程度都不太高。

最后要强调一下,过去的很多婚姻取决于爱情的程度并不高,但现在四十多年的改革开放之后,收入和财富都增长了很多,金融市场、金融工具都非常发达和丰富,有了现代市场尤其现代金融后,婚姻与家、家族的这些经济功能被市场取代。因此,金融解放了婚姻,使爱情成为婚姻的主角,婚姻被转型;但人们对结婚更谨慎,同时离婚率也必然上升。这种变化从另一个角度来讲,也进一步提出了对金融的需求,过去是为了生产、为了基础设施投资而发展金融,现在是为了帮助个人特别是妇女更好地实现个人的自由和权利而发展金融,对于金融产品的需求跟原来是很不一样的,所以这就是为什么最近几年我一直在说,要有更多针对于消费者、针对于家庭个人理财方面的产品,特别是保险品种。

我就讲到这里。谢谢。

录音整理　蔡嘉玮

中美贸易摩擦深处的博弈与变局

沈建光，经济学博士，现任京东数字科技副总裁、首席经济学家。此前作为首位进入欧洲央行工作的华人资深经济学家，负责亚太经济预测和分析，后历任国际货币基金组织和芬兰央行经济学家，中国国际金融有限公司资深经济学家，瑞穗证券亚洲公司首席经济学家，国际经合组织顾问和中国人民银行访问学者。经常受邀参加国家主要经济决策部门专家咨询会。复旦大学经济学院、复旦大学泛海国际金融学院客座教授，中国新供给经济学50人论坛成员，中国首席经济学家论坛理事，莫干山研究院副院长。曾任美国麻省理工学院经济系访问学者，拥有赫尔辛基大学经济学博士和硕士学位，本科曾就读复旦大学世界经济系。

在宏观经济和金融研究领域拥有丰富经验，FT中文网、财经、财新、新浪财经、腾讯财经、上海证券报和经济观察报等中文主流媒体专栏作家。经常受邀到CNN、彭博、CNBC、NHK、CCTV、路透、凤凰卫视及第一财经采访。2011年度美国《机构投资者》A股分析师排名下经济与策略分类第一名；2011年、2015年和2018年第一财经金融价值榜(CFV)年度机构首席经济学家称号；2011第一财经首席经济学家调研最佳预测排名第一名。近年出版《变革：新时期中国经济的机遇与挑战》《什么决定中国未来？》等著作，经合组织2002年专著《中国和世界经济——入世的挑战及应对》作者之一。其中《变革：新时期中国经济的机遇与挑战》一书获选2018第一财经·摩根大通年度金融书籍榜"年度中文书籍"。

【编者按】

2019年6月27日下午,"金融鹏程大讲堂"第39期顺利举办。京东数字科技副总裁、首席经济学家沈建光以中美贸易摩擦深处的博弈与变局为题,结合翔实数据分析中美贸易摩擦的前景与展望,中国下半年经济压力及中国应对的政策调整空间三方面内容。讲座视野开阔、内容丰富。

【核心摘要】

中美贸易摩擦不光对中国、美国产生负面作用,对全球经济均有负面作用。对中方而言,贸易摩擦除了导致出口下降,导致产业链转移的影响更为严重;对美方而言,贸易摩擦导致大豆、能源出口直线下降,推升通胀导致美国消费者利益受损等。中国下半年经济压力主要来源于零售下行、工业放缓、固定资产投资疲软、通胀上行、就业减少、金融风险暴露、人民币贬值压力。中国应对的政策调整包括释放消费潜力、稳增长,防风险、聚焦资本市场改革、扩大开放迎外资、发展城市集群五个方面。

本次讲座重点报告三个方面的内容，第一个是中美贸易的前景展望，第二个是在贸易摩擦背景下下半年中国经济压力如何，第三个是中国应对政策调整空间。

中美贸易的前景展望

中美贸易谈判一波三折，本来认为贸易谈判都谈成了，每次发回消息都很正面，结果美方一下子反过来，一没谈成马上加关税，5月美国宣布对中国2 000亿美元商品清单上调关税至25%。

如何衡量中美贸易摩擦的影响？大多静态测算表明，在仅考虑出口下滑直接影响的情境下，2 000亿美元商品关税上调至25%对GDP增速的影响大多集中在0.6%~1%。然而，贸易摩擦对中国的影响果真这么小吗？我觉得没有谈成后果还是很严重的。从直观上来看美国出口占中国比重是 19%，是美国最大的贸易顺差国，去年中国数据对美国有 3 000 多亿美元的顺差，美国的数据是 4 200 亿美元的顺差。中美贸易顺差不断扩大，我们对美国的贸易顺差是占整个顺差 60% 以上。除了出口外，如果贸易摩擦持续，对中国整个经济包括投资、出口都会有很大的负面影响。

中方的反制实际上是非常理性和适度的。美国宣布对中国 2 000 亿美元商品清单上调关税后，中国很快作出了回应，2019 年 5 月 13 日宣布自 6 月 1 日期对美国 600 亿美元清单分别实施 25%、20%、10%、5% 加征关税。中方采取四档阶梯税率，对美国 600 亿美元中 25% 税率占比较低。中国对美国报复增加关税只有 16%，大部分还是比较轻的关税。本次反制的商品范围较此前并未扩大，甚至未加回之前已经暂停的汽车和零部件类商品。加征关税当中大豆等农产品及机电、化学相关产品占比较高，尚未加征关税商品主要为对美依赖程度较高的品类，包括飞机、汽车、集成电路、原油、发动机等。这也体现我们的反制是适度。为什么加征大豆？因为美国大豆 50% 出口中国，我想大豆就是要打特朗普大选，因为农民的选票对他很重要，他后来也不得不从国库拨款 160 亿美元专门补贴农民。中国没有选择汽车、飞机、集成电路，因为这些产品占美国出口全球比重都小于 10%，这些对美国影响是不大的。

贸易摩擦对全球经济都有负面影响。不光是中美之间，包括去年下半年全球经济都在下行，全球的出口也都在下行。贸易摩擦对中国的负面影响是非常大的，我们可以看到中国出口增速对美国、对欧盟、对日本、对东盟的形态变化。1—5 月外贸数据整体表现较差，以美元出口额累计同比仅增长 0.4%，对美出口累计下降 8.4%，显著弱于欧盟、日本、东盟等主要贸易伙伴。根据美国的数据，美国对中国以外的进口显著上升，美国从中国进口金额同比下降了 20%，从越南进口金额同比增加了 50%，从韩国进口金额也是同比增加了 20% 左右，从中国台湾的进口金额同比增加了 20%。

中国产品真的这么容易被取代吗？看越南的数据，我觉得这里面有猫腻，越南工业生产和对美出口呈现背离，越南工业生产增速没有任何变化，它的投资也没有什么大变化，但是对美国的出口大幅增加了。我又看了越南的进出口，越南从美国今年 1—5 月比去年 1—5 月对美国的出口增加了 50 亿美元，但同期他从中国的进口也增加了 50 亿美元。一模一样，这个事情就很有意思。很明显多数是中国的产品，从越南转一转，越南港口停靠一下，通个关或者是贴个牌转到美国。我也询问了一些出口商确实存在这样的情况，而且是美方进口商跟他们说的，"你不要直接进来了，从越南过来，额外的运费我给你出"。针对这个情况越南政府前一段时间也出了一个公告，说要开始严查，但是这不是很容易查的。

贸易摩擦升级下的产业链转移之路。出口下降是一方面，但最令人担心的，是关税的原因使中国企业或者是国际海外投资企业把在中国的产业链转到其他国家去，这个要比出口下降影响要严重得多。国内人力、租金生产成本上升，叠加中美经贸摩擦不断升温，产业链公司转移迫在眉睫。这个情况到目前来看确实已经出现了。如美国驻中国的总商会在贸易谈判破裂之后做了一个调研，40% 的受调查美资企业有已经准备或者将要准备从中国移到中国境外去的意向。日本的企业，还有现在中国台湾的媒体报道比较多的台资企业要回到中国台湾去寻找生产基地。部分日资企业在日本的媒体上报道，日本各个企业在华的生产线，特别是出口美国的这些有关的产品，已经在开始分散到不同的地方，不光去越南、泰国、墨西哥，美国本土都有。这个情况比较令人担心，这么多的地方承接能力还是比较强的。

出口是如何影响中国经济？以 2008 年出口下滑如何影响中国经济为鉴，2008 年美国经济危机致使我国的出口大受冲击，中国出口、工业生产走势保持一致，消费在危机全面爆发后下滑。自 2018 年第三季度 GDP 增速出现明显回落之后，第四季度城镇失业人数上升，随后 2019 年第一季度，居民收入增速应声回落。但有个好处是中国现在出口依存度明显下降，到 2008 年我国出口依存度 35%，现在 19%，说明我国内需的体量在大幅增加。

中美博弈会从贸易摩擦到科技摩擦、金融摩擦？我最早有一篇文章分析中美的贸易摩擦，我觉得中美的经贸分歧，贸易战是第一层的关系，其实是最容易解决的，因为中美贸易相对来说是双赢或者双输，双方不打对双方都有利，这是第一场。第二场是中美的科技摩擦，第二次更严重，科技摩擦不是双赢或者双输，就是你赢我输。第三是意识形态、体制摩擦，所谓国家资本主义、自由市场经济这些。到了第四层就是超级大国的维持霸权地位。我觉得最好就是第一层解决，因为一旦到第二、第三层就是零和博弈。《人民日报》一篇文章明确指出中国可以选择限制稀土对美供应作为反制手段。还有一个问题是会不会升级到科技摩擦？一部分已经升级到科技摩擦。会不会升级到金融摩擦？中美金融市场深度广度差距较大，中国在金融摩擦方面可以选择的手段非常有限。中国是美国国债第一大外资持有国，很多人说我们可以主动打金融牌，包括主动大幅贬值，有些人把它叫做核武器，但是这个观点我不认同，我觉得抛售美国国债其实可能效果不是想象那么轻松，而且美国有反制手段，我们持有美国国债占比是 17.9%，美联储甚至可以印钱来解决它的金融问题，还有很多其他的手段。

从金融摩擦我们以俄罗斯为一个例子，2014 年克里米亚危机后，美国曾联合盟国对俄罗斯实施经济和金融制裁。金融制裁使俄罗斯企业被动摆脱美元融资，转向国内资本市场融资，虽然俄罗斯没有出现系统性的银行倒闭，但我们看到俄罗斯的汇率大幅贬值，很多企业海外融资基本上就断掉了，对它的经济造成很严重的冲击。随后，俄央行抛售美国国债、增加黄金储备，凸显出俄试图减轻对美元的依赖。

达成贸易协议对中美均有益处。中方而言，贸易战是有很大风险，对美方也有很大的风险。2 000亿美元对华征税已经有一些占到美国进口的一半左右，继续加征3 000亿美元，必将会涉及美国从中国进口占比更高的商品，损害美国消费者的利益，也会推升通胀。比如说中国出口美国的产品，家具占比51.8%，家具是加了10%的关税，现在已经加到25%，美国进口全世界玩具中中国占比81.7%，这个占美国比重是非常高的。这次它要加3 200亿美元，美国八成玩具、七成头饰、六成的行李、五成以上的鞋类、纺织产品进口均来自中国，包括基本上30多个行业协会都到国会去反对加征3 200亿关税。美国对中国出口每个月都是几十亿美元的大豆，到2018年，基本上一颗大豆都出不去了，这个影响是很明显。所以贸易摩擦继续，对美国2020年的影响还是特别大的。2020年是特朗普的大选年，如果2020年还继续，对他的负面影响会越来越大。

美国经济走势是影响贸易战前景的关键变量。美国国债收益率倒挂，被视为经济预警信号，往往预示经济衰退，每次倒挂均引发波动率飙升。美国经济接近周期顶部，5月ADP（Population Data of American）就业人数与非农就业同步恶化，就业人数波动不断加大，PMI大幅不及预期创十年新低，制造业PMI仅略高于荣枯线。美国房地产市场一般先于经济周期见顶，美国主要城市房价见顶，旧金山和西雅图的房价有所下滑，纽约中心城区房价下降，华盛顿房价失去上涨动力，工业产值、耐用品订单进入负增长区间。

中美贸易谈判结果对特朗普连任有影响。特朗普民调支持率虽然不高，但可能足以使其2020年连任，且票仓稳定。民主党尚未出现有力候选人，拜登呼声高但威胁特朗普的能力存疑，中美达成协议将巩固美国经济基本面，为特朗普提供政治和经济资本。但如果特朗普连任，中美关系和中国经济将在中期面临更大不确定性。但中美贸易谈判短期达成协议实属不易，11月APEC峰会或成为重要时点。

全球经济灰犀牛——欧洲经济复兴乏力。中美之间的贸易谈判如果能谈成我觉得是一个非常好的发展，达成贸易协议对中美均有益处，中美贸易摩擦如果这样打下去，不光对中美有影响，对全世界都有影响，包括对欧洲。中国希望可以多出口一点欧洲是不现实的，欧洲已经是我们最大的出口地，而且现在经济形势都在恶化的，欧洲的恶化比美国还要快，包括现在基本上所有欧元区国家PMI都在下行。欧洲经济复苏乏力，全球贸易环境恶化，外需不振拖累德国经济。而且我们看到德国——欧洲经济的火车头，制造业订单全部负增长，制造业活动萎缩速度创下2012年7月以来最快，接近七年来最低点，连续第五个月低于荣枯线，IFO商业景气指数也自2018年8月的高点一路下行。跟美国的贸易关系不好，指望其他国家多进口中国的产品可能不现实。另外欧央行行长也表明要继续降息，欧洲的银行现在都要面临无法盈利，负利率对银行的冲击是很大的，欧洲经济复兴乏力。

下半年中国经济压力如何？

贸易摩擦之后中国经济进入新常态之后，内部环境下行压力增加。表现在，第一，零售在下行，1—5月社零累计同比8.1%，整体处于下滑态势，4月、5月合并社零总额当期同比增速仅为7.9%，低于第一季度水平。进口下滑显示内需疲软，5月的进口大幅负增长，汽车基本上是负十几的增长，汽车占限额以上商品零售比重近30%，是占比最大的分项，汽车下滑拖累消费。从供求关系的角度来看，生产端采购意愿不强，企业预期消费端需求不足可能是重要原因之一。

第二，工业继续放缓，5月规模以上工业增加值同比增长5%，创多年来新低。衡量工业用电情况的发电量与发电耗煤量走势背离。发电量最新数据基本上是零增长左右，包括煤电发电量是同比下降20%。

第三，固定资产投资疲弱，制造业利润不佳影响企业投资意愿，基建投资控制在较低水平。房地产开发投资还在超过10%，其他都是2%~3%的增长,房地产投资在施工的支撑下保持11.2%的高增速,但新开工面积、销售数据等领先指标出现回落。投资、消费、出口,三驾马车都面临很大的压力,房地产现在销售还是比较低位运行,主要是限购限售这些政策的限制,而且需求还是比较强硬。

第四,通胀压力上升,但整体可控,包括猪肉、鲜果蔬菜近期大幅上涨,推动CPI食品分项进一步上行,但占篮子权重不大,我看了我们的通胀周期,非食品通胀如果不涨基本上不会成为很大的威胁。

第五,最大的担心就是就业数据。比较市场化的就业情况的指标,比如说PMI的从业人员,制造业、非制造业的PMI就业人员指数都在下行,长期位于荣枯线以下。还有中国就业市场景气指数(CIER),特别是互联网公司也出现CIER的下行。政策面也传递出信号,国务院近期成立就业工作领导小组,接下来如果就业、经济下行,政府政策会不会还是重提去杠杆。如果金融的紧缩,与贸易摩擦升级导致大量出口订单被取消的叠加效应,将使本已严峻的就业形势遭遇更大的结构性压力。

第六,再有一些金融的风险的暴露,看到包商银行被托管之后,5月底同业存单实际发行量大幅下降,票面利率上行。市场担忧情绪升温,监管上坚决防范金融风险、深化金融供给侧结构性改革。包括公开市场操作上市场利率大幅上涨之后马上采取措施把它平定下来、央行密集开展OMO逆回购操作释放流动性、给券商提高流动性措施等。

第七,贸易摩擦背景下对人民币也是一个考验,人民币贬值压力有所加大。人民币汇率的长期走势与中美贸易摩擦演变密切相关,美联储近期"鸽声不断",宽松预期大大增加,美联储加息周期接近尾声,未来货币政策空间有限。同时,中国的股市受影响还是比较明显的,第二季度震荡回调,5月没谈成A股从3 300点一下跌到2 800点。

中国的政策调整空间

中国政府政策的调整空间有多大?

第一,释放消费潜力。中国的消费市场是跟美国贸易摩擦的一个很重要的底气和武器。在实物消费方面,中国绝对量上赶超势头明显,2018年中国全年社会消费品零售总额已经十分接近美国,有望在未来两年实现赶超。目前社零增速仍有8%左右增幅,美国今年增速不足5%。我们的零售市场现在要超过美国,这个对美国很多的大企业有很大的影响,包括苹果、通用汽车。但中国这张牌还没打,当然也不希望打,这一打也影响我们的投资环境,巨大的消费市场是一个重要的后盾。并且,我们的服务业消费比重还很低,目前52%,美国是70%左右,服务业有巨大的空间。

如何释放消费潜力。近期消费者信心指数的消费意愿分项、人民银行公布的居民消费意愿比例双降。主要由于以下原因:首先,居民消费意愿显著下降,这是当前消费下滑的重要原因,居民收入与消费支出实际增速走势出现分化,消费增速下行,收入的增速没有下行,相对比较平稳,也说明居民储蓄意愿上升;其次就业压力显著抬升,影响消费,房市调控常态化、棚改退潮使财富效应不再。

而且,农村消费市场有巨大的潜力,收入差距缩小必然引致农村的消费需求。最近京东有一个618活动,销售情况大大好于预期的,在农村和四五线城市的销售增速是非常高,大大高于一、二线城市。县域消费能否提振仍然是未来中国消费增长最重要的决定因素,中长期政策层面须做好安排。中国农村巨大的消费市场怎么样释放它的空间,包括最近的扶贫,包括很多在农村实行服务均等化,财政在很多农村的投入,包括建医院、学校很多公共设施,其实对农村的消费,包括县城的城市影响都很正面。

第二,稳增长、防风险。所以我想中央一是稳基建,中央办公厅、国务院办公厅规定专项债可作为重大项目资本金,意在支持大型基建项目推进。二是防风险,就是央行对高风险中小银行提供信用增进,对冲市场担心,维护金融市场稳定。三是放松货币政策,包括很多常规货币政策引导实际利率下降,推出 TMLF、CBS 等创新工具,丰富逆周期调控政策储备。四是积极财政政策,加快专项债发放,为重大项目提供资金支持,把降社保、减税降费作为一个很重要的突破口。财政对科创企业的投入还是很高的。

第三,聚焦资本市场改革。资本市场已出现了多项制度性改革的曙光。科创板出现发行红筹企业 CDR 申请案例、为中概股回归提供有利条件;雄安新区启动区控详规、研究推进设立股权交易所;进一步加大金融市场开放。

第四,扩大开放迎外资。2018 年以来我看到其他的数据都有下行的趋势,但是有一个数据特别有亮点,就是实际使用外资的数据。合资企业和外资企业利用外资"此消彼长",或表明我国对外商限制松绑,外企来华投资已无须借助合资公司。我们看去年这几年全世界的直接投资都在下降,欧洲、美国和中国比较,美国 2017 年的实际使用外资下降特别多,欧洲也下降,就只有中国稳中有升。最核心一个变化是去年中国政府,包括习总书记在博鳌论坛、"一带一路"峰会上放宽了外商投资的一些条件,比如说过去只能允许 50% 控股的,有些行业我们就允许它 100% 控股,包括石化领域、汽车领域。我看到他们这些行业其实针对的都是中国的国内市场,巨大的国内市场。

第五,发展城市集群。一线城市已经出现逆城市化现象,国家统计局数据显示,近来中国一线城市的人口流入已经趋缓,北京呈现净流出。现在一个新的提法叫城市集群,要发展都市圈。我们观察到中国城市集群已经形成,特别体现在长三角和珠三角地区。上海、广州、深圳无论从迁入和迁出城市来看,与周边城市的人口迁移是主要流动方向。北京对全国的辐射能力最强,北京迁出的主要城市并非周边城市,显示出京津冀城市群要弱于长三角与珠三角。一线城市中,上海、广州、深圳的迁入来源最多的城市均是北京,北京重点大学云集、"总部经济"发展突出,对人才和一线城市双向流动提供支撑。

粤港澳大湾区发展步入快车道。中央现在对粤港澳大湾区的发展,包括发展都市群可能是一个重要的尝试,这个地方可能成为一个实验田,这个拉动中国的内需,我觉得还是有很多的空间,包括投资、消费。我先分享到这里,谢谢大家的聆听。

录音整理　马丽

DC/EP 央行数字货币实践

穆长春，1995年毕业于中国人民大学。2000年获得澳大利亚麦考瑞大学应用金融学硕士学位。现任中国人民银行数字货币研究所所长兼支付结算司副司长。

1995年至2004年期间，主要负责中国人民银行与国际组织及外国央行双边及多边事务协调工作。2004年至2006年期间，任非洲开发银行加拿大选区高级顾问。2006年回中国人民银行国际司任职，于2010年至2017年期间调办公厅任职，2015年任办公厅副主任。2017年任中国人民银行支付结算司副司长，2019年6月任中国人民银行数字货币研究所所长。

同时，穆长春还分别是支付与市场基础设施委员会（CPMI）、金融稳定理事会（FSB）金融创新网络（FIN）工作组、国际货币基金组织（IMF）金融科技高级顾问小组的成员。

【编者按】

2019年11月7日,"金融鹏程大讲堂"第41期顺利举办。中国人民银行数字货币研究所所长、支付结算司副司长穆长春从央行数字货币的产生、央行数字货币的设计原则、央行数字货币的定义等方面进行了全面、深入的讲授。讲座内容丰富、信息前沿、语言风趣幽默。

【核心摘要】

央行数字货币是由人民银行发行的,指定运营机构参与运营,以账户体系为基础的,支持账户松耦合,并具有价值特征和无限法偿性的支付工具。

央行数字货币采用的是双层运营体系,即人民银行对商业银行或者商业机构发行数字货币,再由其向公众进行兑换。

央行数字货币不预设技术路线,鼓励采用长期演进技术。

央行数字货币的原则主要是进行M0的替代,而不是M1、M2的替代,准备金安排暂不涉及货币派生和乘数。

数字货币依然是人民银行发行的法定货币,除了传统的货币三大职能,为保持无限法偿性的法律地位,央行数字货币不应承担除货币职能之外的其他社会与行政职能。

央行数字货币 --DC/EP"未出先火",在正式开始讲解央行数字货币之前,先稍微澄清一下数字货币的概念。最早提出数字货币的时候,公众想到的都是比特币,而后来,不管是国际组织,还是国内的监管机构,都把这些所谓的"数字货币"归纳叫做"加密资产",已经不再称为"货币"。除此之外,还有一种所谓的"稳定币",也叫"通证",实际上是一种"代币",也不能归于"货币"一类。所以,从专业的角度来讲,数字货币现在单指"央行数字货币"。可能大家会认为发行央行数字货币就意味着央行数字货币也会成立交易所,也可以去炒一炒,或者担心会不会像纪念币一样也需要预约。但是,听完今天的汇报以后大家就会清楚,DC/EP不会出现这种场景,公众也没有必要排队买央行数字货币,它会变成一种日常用品,而不是一个可以囤积升值的东西,也不是可以去交易所炒作的东西。

央行数字货币的产生

央行数字货币的想法大概是在 2014 年七八月份产生的。有一天周行长说,"我们有必要研究一下央行数字货币"。当时听到这个问题的时候,我跟大家现在的反应是一样的,"为什么要研究央行数字货币?中国现在已经有这么方便的电子系统和电子支付工具,有支付宝和微信,为什么央行还要再去开发一个同样的数字货币出来?"

按照周行长的指示,我们成立了"数字货币研究小组",代号是"EM0",意思是央行数字货币的目标是替代 M0,即把 M0 进行电子化。

随着研究的深入,我们了解了为什么要发行央行数字货币,实际上，这个想法的提出提前了几十年，很多设计和想法都是非常精巧和先进的。

研究小组第二份报告的第一个原型完全是以比特币为基础的，使用了区块链的技术架构，找零、跟踪、面值等都完全模仿比特币，甚至模仿现有的现钞流通制度，提出了"一币两库三中心"的概念。

在2016年年初召开的数字货币国际研讨会上，参会人员提出的原形设计也都基本是以比特币为原型的。但是，在后期设计研究的过程中，我们逐渐发现所设计系统的效率非常低，没有办法应付零售级别的应用。所以，2016年迭代升级了之前系统顶层设计，对整个运营体系进行了重新设计，采用了"双层运营体系"的概念。

央行数字货币的设计原则

（一）双层运营体系

要了解什么叫"双层运营体系"，首先要讲清楚什么叫"单层运营体系"。单层运营体系就是人民银行直接对公众发行数字货币，这也就意味着不管是传统账户体系还是新一代的账户体系，所有公众都要在人民银行开立一个是账户，或者是数字钱包。这样，人民银行就把数字货币直接发行给公众，形成人民银行对于公众的直接负债。单层运营体系的效率比较高，但是也存在一些问题。一方面，如果公众直接在人民银行开户了，就意味着数字货币的信用级别或者信用等级完全会超过商业银行存款。一旦遇到经济危机，或某家商业银行发生"挤提"，公众就会把自己的所有存款转换为央行数字货币，以进行避险。出现"存款搬家"以后，商业银行由于失去了存款来源，信贷能力就会丧失。在这种情况下，商业银行只能依靠市场，导致信贷成本上升，对实体经济会产生打击。另一方面，如果公众在人民银行开户就意味着人民银行对于公众所有的金融信息都很清楚，包括薪资、购物、贷款等，这意味人民银行不再需要安排个人征信就可以直接对公众发放贷款。在 1984 年以前，人民银行就是这种"大一统"的功能。但现在，由于缺乏资源的市场配置和市场体制之间的竞争，则会导致服务的下降和资源的错配，就算有了全量数据，人民银行也回不到"大一统银行"时代。

什么是双层运营体系？双层运营体系就是人民银行对商业银行或者商业机构发行数字货币，再由商业机构向公众进行兑换，这个体系基本上类似于现有的纸钞发行结构。

2016 年，研究小组决定从单层运营体系转为双层运营体系，研发也由原来的单兵作战、自己做研发，转换成动员所有社会力量，或者说双层运营体系下的第二层商业机构一起来进行研发。2016 年年初，周行长接受财新的采访时也表示，"我们欢迎社会各界一起参与央行数字货币的研发，希望大家一起贡献力量。"

那为什么要用双层运营体系呢？

第一，大国发行数字货币是复杂的系统工程。中国是一个非常"大"的国家，各地的资源禀赋、人才以及经济发展程度、硬件设施、技术设施发展程度等都是非常不一样的。面对央行数字货币这个庞大复杂的任务，人民银行在很多方面都存在一些短板。一是资源方面，人民银行在 IT 技术设施的投入、资源的分配上很难把大量的资源单独投入到开发数字货币上，而商业银行等机构的 IT 基础设置应用和服务体系已经比较成熟，用户基础庞大，服务习惯已经养成；二是人才储备方面，由于受到待遇等限制，人民银行的人才储备可能不是很充分，相比而言，商业机构的人才储备较为充分，而且具有众多的IT专家；三是技术发展方面，人民银行虽然开发了现在在用的所有支付系统，但在技术储备上，仅限于面向机构的开发，还没有开发过面向所有公众的系统，而商业银行或商业机构一直以来都在做公众服务工作，在金融科技应用等方面已经积累了一定的经验，系统的处理能力较强，相应的技术储备也比较充足。因此，基于上述这几方面原因，我们要充分利用社会各界的力量。

第二，通过双层运营体系的设计，可避免将风险过度集中。一个复杂的系统工程是存在很多风险的，包括技术路线选择风险、操作风险、声誉风险等，而这些风险都不能集中在"一个篮子"里。采用双层运营体系，则可以避免将风险过度集中到一个机构。一方面，会避免我们前面提到的"金融脱媒"，央行直接对公众投放数字货币，会对商业银行存款产生挤出效应，影响商业银行的贷款投放能力，抬高资本价格，增加社会融资成本，损害实体经济，极端情况下还会颠覆现有金融体系，出现央行包打天下的"大一统"局面；另一方面，双层运营体系不会对现有货币政策的实施和传导机制产生影响。采用双层运营体系基本等同于现行现钞发放的格局，不会改变现有的货币投放体系和二元账户机构，也不会改变流通中货币的债权债务关系。

（二）不预设技术路线，鼓励采用长期演进技术

最初做央行数字货币原型的时候，我们天然地考虑用比特币的技术路线，也就是区块链或者分布式账本。但是，如果我们把"宝"全部压在区块链上，一旦这种技术路线失败了，就是灾难性的后果，我们只能把系统废弃掉，回头再做，这对社会资源是一种极大的浪费。

第一，不预设技术路线。采用双层运营体系的优点就是央行主导技术路线，由各个运营机构根据自己的实际情况选择适合自己的

技术路线。比如，商业银行积累的最大的资产就是自己的账户体系，这些客户资源都是以账户形态存在的，所有信息都是以账户为单元的，如果完全抛弃原有的账户体系，选择别的技术路线，就等于是把最大的一个资产抛弃掉了，这是对资源的巨大浪费。再或者，有些机构在区块链、电子货币或者电子支付工具、移动支付工具等方面的技术路线比较强，那就可以选择这些技术。

第二，电子支付与央行数字货币的界限逐渐模糊。从这些年的发展来看，电子支付与央行数字货币，或者数字支付间的界限是逐步在模糊的。尤其对于公众来讲，在进行支付时，用比特币或支付宝还是微信在感知上是没有区别的，都是完成支付的动作而已。可能一些特别的功能会有一些区别，但是在大体功能的实现上，基本没有太大的区别。

第三，充分调动市场力量，通过竞争实现系统优化。技术路线的选择可以通过竞争来实现系统优化，只有竞争才能充分利用市场的力量进行资源的配置，最终选择最优的技术路线。在每家运营机构灵活选择适合自己的技术路线后，各家机构进行"赛马"，谁跑得快，谁跑在前面，谁的技术路线更适合中国的国情，就可能会变成一个被市场上其他运营机构一起采用的技术路线，这也就是适者生存的原则。

（三）坚持中心化的管理模式

央行数字货币坚持的另一个原则就是一定要坚持中心化的管理模式。第一，央行数字货币仍然是中央银行对于社会公众的负债，并没有改变目前所存在在商业银行体系的二元账户体系。第二，央行数字货币仍然是中央银行加强宏观审慎与货币政策调控职能。第三，从技术上可以避免指定运营机构的超发。

(四)基于账户松耦合模式

研究小组借鉴 IT 系统开发的理念,提出了账户松耦合模式。传统的电子支付就是与传统银行账户紧耦合的模式,比如公众开通微信的电子钱包也好,还是开通支付宝的钱包也好,都必须要添加一张银行卡,不论是借记卡还是贷记卡。这种交易高度依赖于传统银行的电子账户,而且开户门槛比较高。

央行数字货币是一种物权关系,不是债权关系,可以实现物权直接转移。不依赖账户的直接转移,就没有必要和账户紧紧的绑在一起。只要有独一无二的身份特征,不管是生物特征,还是身份证号、手机号码,只要这个独一无二的特征可以证明"你是你",就可以进行数字货币钱包的开户。央行数字货币和现金一样易于流通,可以实现可控匿名。

(五)注重 M0 替代,而不是 M1、M2 替代

央行数字货币的原则主要是进行 M0 的替代,而不是 M1、M2 的替代,准备金安排暂不涉及货币派生和乘数。

M1、M2 均基于商业银行账户,已实现电子化或数字化,没有必要再次数字化。此外,支持 M1、M2 流转的银行间支付清算系统、商业银行行内系统以及非银行支付机构的各类网络支付手段等日益高效,能够满足我国经济发展的需要。如果再次把 M1、M2 进行数字化的话,这实际上对原有的社会资源造成了浪费。

目前,在数字化方面有短板的部分实际上是纸钞和硬币。一是纸钞和硬币的发行、印制、回笼和贮藏等环节成本较高,虽然新一代的人民币防伪能力有了较大提高,但是还是存在伪造人民币的现象。二是携带不便、易被伪造、匿名不可控,存在被用于洗钱等违

法犯罪活动的风险。三是公众对现钞的依赖程度依然很高，一方面是公众使用习惯的问题，另一方面是电子支付在有些地方并不能覆盖到。基于上述几点，纸钞和硬币实现数字化的必要性与日俱增，我们有必要以数字货币的方式对 M0 进行替代。

为什么电子支付或银行卡没有对 M0 进行彻底的替代呢？一是部分公众对于匿名的需求比较高，二是网络覆盖的问题，一些网络覆盖不了的地方无法使用电子支付。

我们注重 M0 替代主要有以下含义，第一，央行数字货币应该用于小额零售业务场景，而不是大额批发场景。第二，央行数字货币应遵循现有的所有关于现钞管理和反洗钱、反恐融资等规定。第三，因为是现钞替代，所以央行数字货币是不付利息的。第四，尽量避免老百姓把所有的钱都兑换成数字货币，减少对"金融脱媒"的影响。

（六）加载货币职能之外的智能合约应保持审慎态度

数字货币依然是人民银行发行的法定货币，除了传统的货币三大职能，为保持无限法偿性的法律地位，央行数字货币不应该承担除货币应有职能之外的其他社会与行政职能。

央行数字货币的定义

央行数字货币是由人民银行发行的，由指定运营机构参与运营的，以账户体系为基础的，支持账户松耦合，并具有价值特征和无限法偿性的支付工具。

第一，人民银行发行的。央行数字货币和其他的不管是加密资产也好，还是稳定币也好，最大的区别就是央行数字货币是由中央银行发行的,是由国家系统备书的。

第二,由指定运营机构参与运营的。DC/EP 是双层运营体系,人民银行不对公众发行或兑换数字货币,由第二层商业银行或商业机构对公众进行兑换。

第三,以账户体系为基础的。央行数字货币的"账户体系"是指包含所有商业银行原有的传统银行账户体系在内的广义的"账户体系"。任何一个能够标识唯一身份的数据,或者是一个生物数据也好,身份证也好,都可以成为账户体系中的一个部分。比如说指纹、人脸、虹膜等生物数据,再比如手机号码、身份证号码等每个公众独一无二的都可以成为账户体系的一个部分。

第四,支持账户松耦合功能。这个"账户"是指传统的银行账户。对于商业机构来讲,传统的银行账户体系是最大的资产。账户松耦合意味着没有在中国大陆的商业银行开立账户的公众,都可以开立人民银行的数字货币钱包,在偏远山区的没有银行账户的留守人员、国外的旅游者等提供一个手机号码或邮件地址就可以开立一个数字钱包。

第五,具有价值特征的。所谓的价值特征,首先从法律上来讲首先是受《物权法》约束,而不是受《债权法》约束。传统的电子支付是受《债权法》约束的,必须经过层层的转接清算,最后到人民银行。在出现破产的时候,也要遵循《债权法》的破产清算顺序进行清算。现钞是物权,《物权法》的概念是在物权转移的同时完成债权债务的清偿和结算。所以,对于央行数字货币来讲,支付即结算",在数字货币转移的一刹那,所有的清算结算都已经完成。

因为现钞是物权,具有价值特征,所以央行数字货币可以实现可控匿名。对于央行数字货币来说,没有一家运营机构知道用户所有的交易数据,公众在运营机构是准匿名的状态,只有央行有交易的全量数据，所以央行数字货币可以实现"可控匿名"。

最后，具有无限法偿性。央行数字货币可以通过字符串实现价值特征的特点，意味着央行数字货币可以加载智能合约。在数字货币时代，担保交易或条件支付完全可以用智能合约来实现。但是，为保持无限法偿性的法律地位，央行数字货币不应该承担除货币应有职能之外的其他社会与行政职能。

提问环节

1. 问：如果央行数字货币是做 M0 替代的话，那发行量的增长机制是什么样的？

穆长春：央行数字货币采用的双层运营体系，就是坚持市场化的原则，但能够替代多少、老百姓能够接受多少，这是一个市场化的进程，不能靠压指标，要求今年必须发行多少，明年必须增长多少。同时，与电子支付工具相比，央行数字货币会有怎样的增值效果，这要看老百姓的接受程度，并不是一个强制的过程。

2. 问：社会公众开立数字货币钱包时的基本信息如何反馈到商业银行？

穆长春：在双层运营体系下，所有的 KYC 的工作是由指定的运营机构来做的，钱包的开立也是在指定运营机构端，并不是由央行完成的，这样就不存在 KYC 信息怎么反馈到指定运营机构去。

3. 问：DC/EP 未来在跨境支付方面有什么规划？如何配合人民币国际化工作？

穆长春：PC/EP 的账户松耦合特征，意味着即使没有大陆传统银行账户的社会公众也可以开立数字钱包。在这种情况下，PC/EP 便天然具有跨境基因，但是做跨境业务一定还要遵守所有关于现金管理、外汇管理和"三反"的所有规定。

4. DC/EP 的面纱什么时候会揭开？有没有详细的时间表？

穆长春：DC/EP 是一个非常复杂的工程，面纱揭开前的每一步都需要审批，审批流程也将会是一个相对漫长和复杂的过程，目前没有详细的时间表。另外，从支付系统，或者从提供支付工具的角度来讲，DC/EP 是人民银行第一次直面老百姓提供服务，这涉及到公共事业、交通、医疗、社保等各个部门，是一个浩大的社会工程，需要做好所有的细致的准备工作。

5. DC/EP 发行以后如何进行兑换？需要用人民币买还是可以直接发到钱包？

DC/EP 不是通过交易所发行的，不用炒，不用囤积，正常兑换就可以。公众开立数字钱包后，可以用银行存款或现金购买 DC/EP。存款可以以汇款的形式完成 M2、M1 对 DC/EP 的兑换。

6. 数字货币研究所申请的 52 项专利有 21 项涉及数字钱包，申请了针对专利，积累了这么多技术，但又不直接参与设计，是出于什么考虑呢？

穆长春：举个例子，对纸钞而言，虽然兑换不是由人民银行来做，但是印刷和防伪技术是由人民银行掌握的。因此，储备技术也是帮助运营机构更好的为老百姓服务，而且技术在不停演进和迭代的，虽然整体框架不会变，但是具体的技术可能会发生其他的变化。以后，我们也会不停地注册专利，因为所有的技术储备肯定还是要做的。

7. 根据刚才的讲座，个人理解央行数字货币可能存在三个系统。一个大的系统是央行数字货币系统，第二个子系统有可能是商业银行的数字货币子系统，第三个认证系统，相当于央行和商业银行之间普通的交互认证。这种交互的认证系统非常复杂，未来会新建一套登记结算的系统吗？还是会原来的交易系统？

穆长春：数字货币和传统的电子支付是完全不同的两个体系，

从法理来讲，DC/EP 是有价值特征的和账户特征的，是一个混合架构。DC/EP 是支付即结算，把原来的金字塔结构变成倒金字塔的结构，相应就需要新的系统适应它，所以必然要建立新的系统，就是数字货币处理系统，或者运营系统。新建系统不是一个真空的存在，因为还有电子支付，数字货币和传统的银行账户之间必然有相应的联系，没有必要完全建一套新的系统，我们会充分利用原有的系统，且与银联、网联等都有非常紧密的联系。

8. DC/EP 有哪些应用场景？

穆长春：交易场景请容许我保持一下神秘感，DC/EP 有非常多的交易场景和交易功能。等到正式推出以后，大家会看到。

9. DC/EP 在中国采取双层运营体系，第二层结构是由运营机构采取各种技术路线开发，也做了四五年。第一批的马已经是赛的差不多了，第二批的马会有时间表吗？

穆长春：第一，第一批次的马确实已经在研发阶段了，但是并没有跑到市场上来，没有在真实的场地下进行赛马。所以这场比赛还没有完，所以马上跑第二批次，这是不可能的。第二，确定哪些机构是准运营机构，是一个非常严肃的事情，一定要经过国务院的批准，不是人民银行可以决定哪些马能够进入赛道。

录音整理　原昕昕

土地制度的美国故事

雷曜,研究员,现任中国人民银行金融研究所副所长,长期从事农村金融和普惠金融政策和法律法规的研究制定,曾参与中央经济工作会议、中央农村工作会议和全国金融工作会议等重要文件起草。在清华大学经济管理学院获学士、硕士、博士学位。专著《次贷危机》入选中国社科院世界经济与政治所"改革开放40年40本世界经济学优秀中文图书",《利率市场化的全球经验》和《金融基准——LIBOR改革引发的全球博弈》分别入选2012年和2015年第一财经年度金融书籍榜单。

土地制度的美国故事

【编者按】

2020年5月27日上午,"金融鹏程大讲堂"第43期,同时也是首期线上讲座顺利举办。中国人民银行金融研究所副所长雷曜通过讲述美国的土地故事,揭示出美国土地制度变迁的经验和教训,及对中国土地要素市场化改革、房地产市场发展带来的启示。

【核心摘要】

我国改革开放的历史在某种程度上就是通过不断改革,逐步实现土地要素市场化的过程。土地要素市场化过程中三个关键问题值得关注,一是如何破解内卷化问题;二是如何解决用地低效率和不公平的问题;三是如何防范化解资产泡沫或金融危机的问题。

从美国建国以来超过200年的历史跨度来看美国土地制度变迁的故事,美国的土地制度设计几乎没有任何历史包袱,是最接近"理想"条件的产物,但其仍然受到国家政治体制制约,需要公共制度的支撑,比如规划、征收制度,且土地权利体系随着社会经济条件变化而不断变化;长期看需要不断提高全要素生产率来避免土地出现内卷化或泡沫化。

今天的主题是介绍美国的土地制度,这是一个非常大的研究领域。今天的介绍大概分为三个部分。

中国土地制度的简单回顾

如果把中央最近提出把土地要素市场化的文件作为故事倒叙的起点，可以回顾这样几个历史性的关键节点。

第一个也是最近的节点是 2020 年 4 月 9 日，中共中央、国务院发布《关于构建更加完善的要素市场化配置体制机制的意见》，提出推进土地要素市场化配置。

第二个节点是 2019 年 8 月 26 日，第十三届全国人民代表大会常务委员会第十二次会议决定对《中华人民共和国土地管理法》作出修改。这次修改内容包括土地征收管理、进城落户的农村村民依法自愿有偿退出宅基地和集体经营性土地入市等方面。《土地管理法（修正案）》的发布也引发了公众对宅基地、承包经营权、小产权房以及农地入市等问题的再次关注。

第三个节点是 2017 年十九大报告提出，深化农村土地制度改革，完善承包地"三权"分置制度（所有权、承包权、经营权）。经过了很长时间的探索，直至 2017 年我国从政策上肯定了"三权分置"的做法，并在 2018 年修改农村土地承包法中加以体现。

第四个节点可以回顾到 1987 年在深圳举行新中国首宗土地使用权拍卖会。当时深圳市房地产开发公司以 525 万元竞得该地，这是土地作为资产被引入市场，也可以视为是中国城市土地管理制度变革的重要起点。

第五个重要节点则是 1978 年在安徽、四川等地实行的"包产到户"。当时从"包产到户"，逐步推广发展为家庭联产承包责任制，农村土地使用权和所有权实现了分离。

关于土地制度的关键问题

可以说，我国改革开放的历史在某种程度上就是通过不断改革，逐步实现土地要素市场化的过程。这一过程的探索需要回答一系列的问题。带着其中较为重大的三个问题看美国土地故事，也许可以得到更多启发。

第一个是如何破解内卷化问题。一九八〇年五月，新华社记者到广东省海康县调研了北和公社谭葛大队包产到户的情况。这个大队有4个自然村，16个生产队，364户共1 733人，其中705个劳动力，共有耕地2 923亩（水田1 000亩，旱田540亩，坡地1 380亩）。这个大队地处沿海，土地贫瘠，地瘦人穷，生产长期上不去，是北和公社七个有名"四靠队"之一，过去每年要吃国家统销粮四、五万斤，七九年达九万五千斤，贷款5 500元，救济款33 00元，借销种子二万多斤，占全年种子三成以上。

广东乃至整个中国当时面临的就是内卷化问题。美国人类学家吉尔茨（Clifford Geertz）首先提出，农业生产中存在特有的内卷化现象。华人经济学家、社会学家黄宗智将内卷化概念引入到对近现代华北小农经济和社会变迁的研究，发现了华北以及长江三角洲地区即中国主要的农业产区在历史上形成了一种特别顽固、难以发生质变的小农经济。

具体来看，农民一家一户经营一小块耕地，由于回报率低，当家庭人口增加时，为解决生计问题，会以增加劳动力的形式加大投入。结果是，回报会提高，但是回报率未必会提高。回报率至少有两种算法，第一种通过亩产来衡量回报率，而亩产是以边际递减的速度增加；第二种算法是以劳动力为单位的回报率，其边际递减速度则更快。这时，如果引进资本，可能会改善边际回报，同时会释放大量的农村劳动力，可能造成农民既失去土地，又失去工作岗位和收入。为了防止这种情况发生，可能就难以在农村农业中引入社会资本以及相应的现代化技术。这就是内卷化特有的现象。

我们已经发现了一些办法可以解决内卷化的问题，比如脱贫攻坚中很重要的做法是产业扶贫，就是在引入了资本的同时，提供了大量工作岗位，打破了阻止资本和技术进入的障碍。

第二个是如何解决用地低效率和不公平的问题。城市化使人们面临住房价格乃至居住成本较高的问题。日本等一些国家在城市化工业化进程中出现了人口在城乡间"震荡"的问题。

由于工业化和城市化，造成人口涌向城市，特别是大城市。而大城市中包括住房价格在内的居住成本快速增长，如果就业没有得到足够的保障，人口可能希望返回农村。人口在城乡之间的迁移不是均质的，有技术和知识背景的年轻人到了城市，老年人留在农村；城市近郊的人口留在原地，贫困地区的人口到了城市。结果可能造成农村的人口结构问题，如农村"空心化"、非农化、生态破坏等现象。这都是用地制度出现低效率或者不公平的问题。

第三个是如何防范化解资产泡沫或金融危机的问题。金融市场和房地产市场关系是非常密切的，要实现工业化和城市化，甚至实现农业现代化都离不开金融资本的作用，但是金融资本也可能带来资本或房地产泡沫。

深圳建设中国特色社会主义先行示范区，要成为竞争力、创新力、影响力卓著的全球标杆城市，要建立和完善房地产市场平稳健康发展长效机制，也需要回答上述几个问题。

以大历史观看美国的土地故事

可以以一个比较大的历史观来看美国土地制度变迁的故事。因为土地要素十分特殊，它是不可移动的，土地用途的改变是很缓慢的过程，需要很长的历史时期。

（一）美国具有得天独厚的土地资源和优势

美国的土地不同于中国、德国和日本，有它的独特之处。美国具有土地资源多、自然资源好的一大优势。美国建国以来，联邦政府通过购买、割让等方式获得了大量公共土地。在很长时间里都是人少地多，特别是无主地多。第二大优势是没有人口包袱。在美国，农业和农村人口不仅没有成为城市化的包袱，还成为城市化工业化的重要支撑。刚才所提到的农业内卷化问题，不会在美国的土地上发生。第三大优势是没有制度包袱。美国建国之初即确定了最自由的土地制度，对土地所有者没有任何权利上的限制和外加的义务，如封建、现代土地所有制上的人身限制、纳贡、效忠、劳役、地租、土地税、居住要求、用途要求、转让限制、继承限制等。而且土地制度的设计者都是一些律师或者成功的商人、地主，他们可以最大限度地吸收当时人类文明的最高成果，大胆地实现其立国理想。

最自由的土地所有权也依赖于公共权力的深度介入。建国之初较长一段时间，美国西部土地制度实行的是大地主所有制，这被学者普遍认为是一种低效利用土地的制度。1787年《西北法令》被公认为美国土地制度的起点，确定在西部实行总督制。总督制与土地制度联系的关键点是人。因为依据这项法令，每区由国会任命总督和法官治理,到成年的自由男子人口达 5 000 人时,可成为准州,达到 6 万人之后可以成为与东部 13 州拥有平等政治权利的州。所以说土地制度是和政治制度、社会制度密切联系在一起的。

《西北法令》虽然实行的是自由的土地制度,但其偏向大地主,造成土地低效利用,直到 19 世纪 60 年代美国总统林肯推进西部大开发,这种大地主所有形式的土地制度才开始改变。1862 年,林肯总统颁布了重要的《宅地法》,规定了土地是用来耕种的,不是用来炒的,这跟我们现在"房住不炒"异曲同工。同时根据《宅地法》,每个美国公民只交纳 10 美元登记费,便能在西部获得 160 英亩土地,连续耕种 5 年之后就成为这块土地的合法主人。

联邦政府借助于土地立法延伸了国家权力,将土地变成了广泛地干预美国政治经济和社会发展的政策工具。例如,将西部土地作为征兵动员的激励,承诺战后分配按照军功分给士兵土地;对西部交通等基础设施建设直接赠予铁路公司等所需的土地;规定可在教育保留地建立学校。

(二)土地权利受到进一步分割和限制

土地权利体系随着社会经济条件变化而不断丰富,土地自由权利与公众利益的平衡愈加微妙。总的来说,宪法框架下,美国最高法院认为,几乎所有的土地利用法规,都可以视为对私人所有财产的征用,应当给予土地所有人补偿。美国与不少国家一样,都存在农民高投票率、低移民率的"锁定"现象,即农业农民通过选举投票等政治机制制约市场化改革,并容易形成对保护、补贴的过度依赖。

美国土地所有权失去"绝对"地位的第一步,是地方政府开始制定限制土地利用的法规。建成于 1913 年的纽约中央车站属于宾州中央运输公司,具有雄伟庄严的古典形象,室内拱顶跨度约 40 米,顶棚上绘制了宗教壁画，被纽约市历史地标委员会列为纽约历史地标。1968年，宾州中央运输公司申请在中央火车站上方加建一栋55层的办公楼。具体采用悬臂结构，将新大楼叠加在老中央车站上，遭到了否决。宾州中央运输公司认为政府对其合法权益的限制构成征收，要求政府赔偿其发展权受限的损失。政府认为这是属于公共利益，业主的权益并未受到征收。诉讼最终到达了美国联邦最高法院，以6∶3的选票否决了宾州中央运输公司的诉请，确定了纽约市以历史遗产保护为目的限制私人财产的合法性，这是联邦最高法院第一次将历史遗产保护确定为政府的法定目标之一，将其提升到了公共利益的层面。

对中国读者而言，新鲜的意味是：在1968年美国出现了"以公共利益为目的，政府可以对土地的私人所有权进行限制。"——这一判决说明没有"绝对的"土地权。

1804年的法国民法典奠定了近代民法以个人为本位的所有权制度。西谚有云："风可进，雨可进，国王不能进。"19世纪下半叶，工业化城市化使所有权绝对原则限制了政府的调控和规制功能，甚至导致个人权利的滥用而损害他人利益和社会公益的现象，激化了社会矛盾。因此西方国家已经从立法思想上，强调所有权社会化和公共利益。

更进一步，在英美法概念中看国家主权的概念、内涵及其变化，一个主权国家享有治权，即维持公共安全、公共福祉和公序良俗的绝对权力，作为政府所必需的一项基本权力，不能为立法机关所放弃或从政府中转移——最常见的体现形式就是规划权；一些宪法学者还认为，征收权也是政府的基本权利，是美国立国之时就天然具有的，区别是政府在使用强制手段的同时需要给予合理补偿，政府征收权要受到宪法的限制。

自由的土地制度推动了西进运动，促进了国家形成。到二十世纪上半叶，美国经济迅猛发展，城市化加速，人口大量增加，大量占用农地，有的形成污染等妨害他人权利的行为。同时，航空、矿产、高层建筑等技术发展使得土地权利向地上、地下、空间发展。美国地方政府出台了大量限制土地利用的法律，既包括减少农用，也包括只允许农用。为保护水、土壤、森林和野生动物资源，美国成立了土壤保护局（SCS），实施了田纳西流域工程（TVA）、泰勒放牧法等（1933–1940）；出台了《水土保持和国内生产配给法》（Soil conservation and Domestic Allotment Act, 1936）；1956年农业法允许农场主将土地长期或短期退出耕种，"存入"土地银行换取补助；1960年森林服务局提出多功能利用和持续生产法，1964年联邦土地资源分类和多功能利用法规定，对国家森林系统、土地管理局的土地实行经济开发、娱乐、环境保护等的最优综合利用；水土保持基金法（1964）、农地保护法（1981）和食物安全法（1985）也有相似政策目标。

更进一步对土地使用的控制是实行分区（Zoning）规划。分区制作为管理手段，初衷是为将用途不能相容的土地隔开。例如，保护住宅区不受危险、有毒或污染严重的工业活动的危害；或是需要为农业生产保留特定的农业分区；还有为保留自然状态而禁止筑路或建房的莽原法（Wilderness Act）、房屋和城市开发法等。"欧几里德村诉安伯勒不动产公司"是美国最高法院于1926年裁决的案例。在这起案件中，美国最高法院通过支持在单户式住宅区内不能建设多户式住宅，里程碑地确立了分区制度。在这样的制度框架下，每个分区的土地都只能是特许的用途。如住宅区内的土地仅允许居住用途；细分的次级分区可以是单户式住宅区和多户式住宅区。

但是，征用和分区这两种土地管理制度都从其建立开始就存在广泛的争议,对减少农地流失,控制城市建设对郊区农地的蚕食作用不明显。其重要原因是缺乏激励机制。农地所有者认为,政府的土地用途管制带来了不公平的负担,侵犯了私有财产权。到了20世纪60年代,分区规划带来社会排斥问题。到20世纪90年代,国会正式通过法律限制对低收入、残疾人等特殊人群房屋类型的分区规划。

总之,土地权利是随着经济社会的发展在不断地调整,而这个调整权是牢牢地掌握在国家的手里。

(三)美国土地投机贯穿其城市化历史

美国左右摇摆的土地政策在早期的土地投机中起到了推波助澜的作用。早期,联邦政府的政策支持大资本参与土地投资。国会在70多年中出台了大量鼓励土地私有化法令。联邦政府已将其获得公共土地的70%处置。1787年,俄亥俄公司获得了150万英亩的土地。1788年,西门斯公司获得了100万英亩的土地。这两个土地公司在1785年后的20年,垄断了西部土地出售的大部分份额。联邦政府急于想从出售公共土地中得到收入,明确采取以村镇为单位大地块整体出售的模式。当时规定每个村镇地块面积为640英亩(即1平方英里),除去教育、医疗等军功授地等公共土地外,以每英亩不低于1美元(1796年确定为2美元)的高价整体拍卖。据查尔斯·A·比尔德研究,出席1787年制宪会议的55名代表中,土地投机商就有14人。乔治·华盛顿在独立前就是美洲最大的地主,独立后一次就在俄亥俄购得32 373英亩土地,并任命俄亥俄公司总代表人鲁弗斯·普特曼为联邦首任勘地总长。本杰明·富兰克林、帕特利克·亨利、罗伯特·莫利斯(财政部长)、乔治·摩根、丹尼尔·韦伯斯特等开国元勋都参与了土地投机。华盛顿的一段话表明了这些人当时的心态:"任何人忽视眼下这个追逐优质土地的良机,他将失不复得。"

国会降低了土地价格、缩小了土地出售的单位面积,使拓荒者也能承担和有效使用,激发了1830年土地投机热。如1820年将每英亩土地售价降至1.25美元,1800年和1904年分别将最小出售单位面积降至1/2地块(320英亩)和1/4地块(160英亩),1817年降至80英亩。到1932年降至40英亩,售价为50美元。1834年,美国公共土地销量达到500万英亩,两年后又攀升到2 000万英亩。政府土地办公室(General Land Office)在1832年的土地销售总额为250万美元,到1836年达到了2 500万美元,这一年夏季每月销售额将近500万美元。1848年,加利福尼亚发现金矿,淘金热开始。

美国土地投机的基本模式,是投机集团以基建名义拿地炒作。美国历史上的每一次大规模公路、运河和铁路建设,都带来了沿线土地价值的迅速上升,而土地增值又刺激了基础建设投资。当正反馈形成的资产泡沫破灭时,美国经济就会陷入一场危机。1810年发生的农地投机案是前工业化时期的一个典型案例。当时,欧洲由于长期战乱和自然灾害,对美国农产品需求量极大。考虑到美国交通成本极大改善,对体量大、保质要求高的农产品形成支撑,投资者购买了大量种植小麦的农地。1800年政府出售的土地只有6.8万英亩,1818年增至349.1万英亩。但随着全球小麦产量猛增,土地价格随小麦价格大幅回落。1819年经济危机结束这次土地投机时,1820年的土地交易量萎缩至不到10万英亩。芝加哥土地投机案则是工业化时期美国城市土地投机的典型案例。1830年,联邦政府开始研究运河经过芝加哥的计划,将芝加哥的土地价格在1834-1836年两年间推升近10倍。1837年,联邦政府宣布运河不经过芝加哥,对芝加哥土地和住房市场造成了毁灭性打击:1843年芝加哥的土地价格降到 1836 年的五分之一。

后来美国开始修建铁路和高速公路，推动了土地的价格。1840年以来，各州的铁路公司就一直是最大的土地投机集团。例如，1862年，堪萨斯州的铁路公司拥有超过 1 000 万英亩土地，超过五分之一的州土地都归铁路公司所有。据不完全统计，1850—1871 年的 22 年间，联邦政府共授予全国铁路公司 1 亿 3 000 多万英亩的土地。

实际上资本和技术的进入在短期内可能带来资产泡沫，但是只要技术发展，或基础设施的改善是真实存在的，最终泡沫过去以后，土地价值是大幅度增加的。土地吸引大量资本后，也真正能加速工业化城市化。

（四）美国以科技发展打破内卷化现象

我们看美国房地产市场，美联储从 2000 年以来长期维持低利率，在次贷危机之前金融机构对购房者资格（比如工资水平、存款情况、还款来源以及信用等级）的要求越来越低。所以家庭部门的杠杆较高，造成房价快速上涨。2000—2006 年 Case-Shiller 全国住宅价格指数翻了一番，大城市（包括大都会区）房价上涨了两倍。但从长期来看，特别是考虑到美元贬值因素后，价格增长幅度仍然有限；从机理上看，拉动土地或房地产价格上升的因素并不仅仅是资金炒作。

在美国，也可以把房地产泡沫看成一种特殊的内卷化现象。这种内卷化中，回报率的计算不以劳动力投入为单位，而是以资本投入为单位。随着资本投入不断增加，资本边际产出会逐渐递减。为了维持回报，会进一步增加资本投入，资本边际产出进一步被摊薄。同时为维持资本投入的时间价值，价格必须不断上升，这样就形成了房地产泡沫，泡沫不断膨胀，乃至突发事件、偶发因素就会将房地产泡沫刺破。但是美国的土地市场和资本市场似乎一直相当有韧性。尽管美国为土地和房地产市场开发了丰富的金融产品，配套了相应的金融制度，但实际上引导美国发展的并不是土地财富，而是科技财富。公路、运河、铁路等基础设施，都是美国科技实力全球领先的体现。公路、运河和铁路的建设表面上看是土地投机，实际是科技进步带来边际回报的大幅度上升。

实际上，从蒸汽机在轮船上的使用开始，美国技术创新及其市场化运用就一直引领全球，包括电气化、信息化、互联网革命，农业领域的化肥、机械化等都是美国率先实现。无论是从资本市场，还是从产业链的角度来看，目前美国的科技仍然是遥遥领先全球的，所以美国土地价值的增长来源不是农业社会的人力，也不是简单的投机，从大的历史观来看，它的价值体现在产业的发展上，特别是科技的发展上。因此在信息化和全球化的时代，如果美国的科技创新能够持续保持全球领先，价格的上涨未必就是泡沫，即使有一定泡沫也未必大面积破灭。

总括一下，美国的土地制度设计几乎没有任何历史包袱，是最接近"理想"条件的产物，但仍然受到国家政治体制制约；需要公共制度的支撑，比如规划、征收制度，且土地权利体系随着社会经济条件变化而不断变化；长期看需要不断提高全要素生产率来避免土地、人口、资本等要素的投入产出体系出现内卷化或泡沫化。

提问环节

1.问：您认为中国土地的内卷化问题严重吗？从美国土地故事的视角可以怎样解决呢？

雷曜：从历史上看，在中国特别是华北和长江三角洲等主要农业产区，较少的土地承载了过多的农业人口，造成了严重的农业内卷化问题。美国人力资源奇缺，农业农村人口更少，不存在剩余劳动力转移的经济压力和文化困境。"二战"前，美国农业劳动力占社会劳动力总数的22%，1950年下降到12%，1960年降到6.6%，1971年降到3.1%，现在只有2%。

要想打破内卷化，一是农业生产必须辅以资本和技术，二是农村人口要从农业生产中释放出来，进入到工业化进程中。这两个问题必须同步解决，否则就会造成城乡人口"震荡"。

目前中国已经探索出解决内卷化较为合适的制度创新，以脱贫攻坚最为典型。习总书记提出"扶贫先扶志""扶贫必扶智"等扶贫方略。"智"即智力，通过提升人的智力，以跟上工业化的节奏。"志"即志气，通过提高人的主观能动性，以跟上社会发展的步伐。脱贫攻坚通过"先发带动后发"，将人力资源从低效的土地使用中解放出来，实现了几千年历史周期律的大突破。随着农业现代化、乡村振兴和脱贫攻坚的顺利开展，困扰中国几千年的农业内卷化问题正逐渐被解决。

2. 问：请问资本进入对城市化和农业技术进步均有正面效应，但也会带来土地投机的问题。从美国土地故事的经验和教训看，我们在引导土地资本时应当注意什么？

雷曜：首先我们要打破一种假想，最自由的土地制度并不等同于最好的制度，更不一定是最合适的制度，甚至根本就不存在所谓自由的、完全私有的土地制度。土地制度总是与社会制度、政治制度和城市化紧密联系，并依靠国家权力等公共制度所支撑。中国根本政治制度和目标就是人民当家作主，全体人民共同富裕，中华民族要实现伟大复兴，中国的土地制度也必然为之服务，与之相适应。美国的土地故事给我们最大的启发是土地制度必须适应国家政治体制。

第二个经验教训关于如何防止土地投机。美国历史上反复出现土地或房地产投机引发的资产泡沫，但都是"小破大发展"，泡沫破灭虽带有一定的损失，但又会迎来较长时期的发展。由于土地资源在国家政治、经济、社会制度上的基础性，土地要素天然地与金融信用乃至国家信用具有紧密联系。例如，200年前美国政府就通过调节首付款比例、贷款期限等方式来调控土地交易。当降低首付款比例后，银行为土地交易的投资者提供信贷的积极性提高，信贷增加。由于金融资本参与土地开发的链条长、投资周期长，发生投资过热也不易暴露，可以继续大量吸引新的投资进入，容易造成土地市场的泡沫。但是总体来说，在美国历史上引发土地投机的往往是真正的技术进步，每一次大规模公路、运河和铁路的投资和建设，工业化、城镇化中重大技术进步，都可能带来资本市场、房地产和土地市场的活跃投机。这就是为什么美国历史上反复出现土地投机，但未从根本上影响美国经济社会发展的根本原因。

因此，在引导资本、土地等要素进入市场时不用过于担心短期土地或房地产价格的波动，因为要素市场化配置必然导致要素价格波动，偏离均衡价格。但是需要警惕引发土地或房地产上涨的是技术进步和工业产业的进步，还是与技术进步脱钩的资金游戏。土地制度和土地要素市场的建立必须有利于推动创新型社会的发展，推动农业生产和工业产业的技术进步。

3. 问：资本进入与土地和农业技术进步有什么关系？

雷曜：经过若干年的探索与发展，我国提出了要"城乡协同发展"，即农业现代化、土地要素市场化必须和工业化、城市化的发展协同起来，才能最大限度做到既把资本和技术投入到现代化农业生产当中，又能把释放出来的土地和人力资源引向工业化和农业化。二者缺其一，都容易带来问题。在乡村振兴的新阶段，如何做好农业现代化中引入资本技术和有效解放劳动力的平衡，是一个重要的挑战。

4. 问：从土地制度的视角出发，美国城市治理对中国城市，特别是深圳的发展有何启示？

雷曜：宏观看，美国的城市管理还是比较好的，这与其土地和人口的特征有关。

一是农业人口少。二战前，美国农业劳动力占社会劳动力总数的22%，1950年下降到12%，1960年降到6.6%，1971年降到3.1%，现在只有2%。由于美国农业农村人口少，因此就不存在剩余劳动力转移的经济压力和文化困境。

二是城市化速度慢。1880年，美国城市人口占比达到26.4%。1920年，城市人口第一次超过农村人口，城市化水平达到51.2%。1950年，美国进入工业化后期，第二、第三产业产值占95%，非农劳动力占87%，城市化水平达64%。1950年后，城市化的速度放慢、水平逐渐稳定。1998年，美国的城市化率达76%。美国城市化率从四分之一达到四分之三的水平，用了100多年的时间。因此，美国有充足的时间来审视其城市化进程，配套一系列合适的教育、医疗、卫生等城市制度，提升城市化的质量。而为了更好地发挥社会主义制度的优越性，加快破解经济社会发展中的深层次矛盾，中国就不能如美国一般放慢城市化的速度。当然，考虑到农业农村农民等仍是经济社会中的"慢变量"，经济社会健康发展需要更好地实现城乡协同发展。

三是引进高素质移民。美国的移民政策，吸引了大量的高素质移民。1901-1910年是外来移民特别是欧洲移民的高峰期，入境移民高达821.3万人。1851-1919年，平均每年从欧洲迁入的移民为39万人，同期美国人口年均自然增长69万人。大量的高素质移民为美国城市化工业化创造了有力条件。

  美国由于具有得天独厚的禀赋条件,因此长期来看历次土地泡沫并未造成严重后果。相对而言,中国从传统的农耕社会演变而来,工业化城市化进程滞后于世界,全球化进程中又遇到新的挑战,更需警惕金融风险的发生,找到一条适合自己的发展道路。就深圳而言,其要素禀赋优于全国平均水平,可以从美国城市化、工业化和土地制度的互动关系中汲取经验和教训,让土地价值的提升与技术进步和产业发展相结合;不断引进高素质人才,同时要与全国城市化工业化的发展相适应,并起到推动和引领的作用。

录音整理 魏丽